핵심 실무 중심
경영학의 이해
-Q&A 중심-

복준영 · 임채현 지음

핵심 실무 중심
경영학의 이해
-Q&A 중심-

서문

왜 경영학을 공부하고 무엇을 학습해야 하는가? 이 질문과 관련하여 대학에서 학문적으로 처음 접하는 학생들의 한결같은 얘기는 경영학은 너무 어렵고 복잡하며 심지어 기억하기 어려운 이론의 반복이라고 한다. 그리고 경영학을 전공으로 실제 기업에서 일하는 사람들 또한 경영학의 활용이 제한적이라고 한다. 이러한 지적이 잘못된 것은 아니다. 기업에서 실제 경영학을 적용하기에는 극히 제한적인 것도 사실이고 복잡하고 어려운 이론이 반복되기도 한다. 이제 경영학 분야도 이러한 지적을 적극적으로 수용하고 더욱 실용적으로 활용될 수 있는 방법을 모색해야 한다. 이러한 지적이 나온 배경에는 경영학이 다른 사회과학 학문에 비해 다른 분야로 넓고 깊게 전파되고 응용되어 때로는 본원적인 경영학의 실체가 모호한 부분이 존재할 수 있다는 부분도 인정할 필요가 있다. 그만큼 기업, 일상적인 삶과 생활에 활용된다는 점 또한 경영학의 활용도를 반증하고 있음을 간과할 수 없다.

경영학은 경영학을 탐구하고 다양한 경제적, 사회적 현상을 이론으로 일반화하려는 학자마다 관점이 다르기 때문에 다양하게 정의되고 있는 것이 사실이다. 인간의 경제적 활동은 가계, 정부, 기업과 같은 개별경제에 의해 이루어고 있으며 이러한 개별경제 특히 기업경영에 있어 기본적 원리와 원칙을 학습하여 그들이 시장경제, 개별경제에서 발생하는 문제 해결의 실마리를 찾기 위한 학문이다. 또한 경영학은 경영자의 의사결정을 가장 합리적이고 효율적으로 할 수 있는 방법을 제시하는 실용적인 학문이다. 정확한 문제인식을 토대로 과학적 이론과 방법으로 검증함으로써 문제를 해결하고자 하는 실천방안을 제시한다. 경영학을 어렵고 복잡하게 느끼는 근본적인 원인과도 연관된다. 왜냐하면 우리가 일상생활에서 또는 기업경영에서 문제를 해결하고 의사결정이 필요한 문제는 단 몇 가지의 원인 또는 문제로 정의되지 않을 수 있기 때문이다. 따라서 문제를 합리적이고 효율적으로 해결하기 위해서는 오랫동안 활용, 적용되어온 이론을 학습하고 이러한 이론을 실제 상황에 맞게 적용하여 해결점을 찾아야 하기 때문에 어렵고 복잡하게 느낄 수 있다.

특히 시중에는 다양한 경영학의 이론과 실체를 소개하며 학문적, 이론적, 또는 사례 중심으로 더욱 쉽고 효과적으로 학습할 수 있는 서적들이 많이 존재한다. 하지만 여기서 간과하고 있는 점은 실제 기업에서 수행하는 직무와의 연관성이 부족하다는 것이다. 가령 기업에서는 경영학의 이론과 내용을 10%~20% 정도 활용하고 있는데 반해 너무 많은 학술적인 이론과 배경을 담고 있기에 경영학을 학습하는 사람들에게 부담감이 되고 있다. 이에 본 서적에서는 가능한 한 기업에서 주로 활용되거나 기업 내 직무 수행에 있어 반드시 알고 있어야 하는 영역과 내용을 중심으로 다루고자 하였다. 또한 경영학을 공부하고자 하는 사람들이 기초적인 학습을 위해 비교적 쉽고 간단하게 이해할 수 있는 내용을 담고자 하였다.

국내에서 경영학은 1970년대만 하더라도 각 대학이나 기업에서 무역 및 생산관리가 중심이 되어 교육 훈련되었다가 1980년대 이후 대학마다 본격적으로 경영학과가 탄생하면서 무역학의 수요가 국제경영 분야로, 정보통신 등의 기술발전으로 인한 경영정보학의 중요성이 부각되면서 해당 분야를 포괄하는 경영학으로 발전, 진화된 모습을 보여 왔다. 최근에는 경영정보학이 빅 데이터 및 인공지능 분야로 발전하고 있으며 전통적인 재무회계 분야를 비롯한 조직행동과 인적자원관리 분야에서 경영전략을 다루며 동시에 소비자행동을 중심으로 하는 마케팅이 유통 및 물류 분야로의 확장을 지속하고 있다. 여기에 자연과학 분야의 통계학이 과학적인 실증을 위하여 경영학 분야에서 폭넓게 다루어지고 있다. 이는 경영학이 학문적인 발전 이외에 기업의 시대적 변화와 흐름에 동태적으로 반응하고 경영자 및 관리자들에게 필요한 지식과 정보, 경험의 사례를 제공하여 효율적이고 효과적인 문제해결과 의사결정 기준을 제시하고자 했던 것과 무관하지 않다.

본 서적은 경영학을 입문함에 있어 기초적으로 알아야 할 이론을 Q&A 방식으로 정리하였다. 이는 경영학 학습자들이 경영학의 세부 분야에 대해서 가능한 쉽게 머릿속으로 정리하여 해당 분야의 내용을 충실히 파악할 수 있도록 스토리텔링 방식을 차용하였다. 기본적으로 경영학이란 무엇인가에 대한 개념 정리부터 최근 빈번하게 다루어지고 있는 창업과 기업가 정신, 기업의 사회적 책임에 이르기까지 경영학 분야에서의 기초 및 심화부분을 함께 다루었다. Q&A방식을 채택함으로써 학습자 스스로 묻고 이에 답할 수 있으며 해당 내용을 기억하기 쉽도록 기술하였다. 또한 해당 분야에 대해서 실무적으로 가장 빈번하게 활용되는 질문과 이에 따른 답변형식을 채택함으로써 경영학과 관련된 시험과 취업 등의 면접에도 쉽게 활용될 수 있도록 주의를 기울였다. 특히 각 장마다 해당 분야를 요약할 수 있는 퀴즈를 준비하여 해당 분야에서 중요하게 생각하는 개념과 내용을 다시 한 번 반복 학습할 수 있도록 배려하였다.

　모쪼록 핵심실무중심 경영학의 이해를 통해 경영학이 어렵고 복잡한 이론 서적이 아닌 실무적으로 유용하고 기업 경영에서 활용될 수 있는 실용적인 지식과 정보임을 학습자 스스로 이해의 폭을 넓히는 계기가 되었으면 하는 기대를 해본다.

남한산성 연구실에서

목차

제1장
경영학의 이해

경영학의 이해

Question 1

경영학은 어떠한 학문이며 어떠한 내용을 중심으로 구성되어 있나요?

제1절 경영학이란

1.1.1 경영학 개념

경영학은 개별경제 특히 기업경영에 대한 기본적 원리와 원칙을 도출하여, 과학적이고 실증적인 방법론을 활용하여 문제 해결의 실마리를 찾기 위한 학문으로 정의할 수 있다. 여기서 말하는 개별경제라 함은 인간의 경제적 활동이 가계, 정부, 기업처럼 개별적이고 독립적인 경제활동에 의해 이루어고 있음을 의미한다. 다시 말하면 **'기업 또는 조직체가 당면한 문제들을 가능한 정확하게 인식하고 경험과 실증을 토대로 과학적 이론을 적용하여 어떻게 문제를 해결할 것인가에 대한 실천방안을 제시하는 학**

문'이다. 그러므로 경영학은 이론적이면서도 현실적인 실용적 학문이다. 사실 경영학은 연구하는 학자들과 실제 기업 또는 조직체가 직면한 환경이 다르기 때문에 다양하게 정의되고 관련 이론이 적용되고 있다.

좀 더 쉬운 예로 설명하면 의사가 환자의 질병을 치료하려면, 우선 과학적인 지식에 근거하여 환자의 질병에 따른 증상을 정확히 알아낸 다음, 이를 어떻게 치료할 것인가에 대한 방법을 마련해 치료하는 것과 일맥상통한다고 볼 수 있다. 이처럼 경영학은 기업 또는 개별경제 활동주체가 직면한 다양한 문제의 원인을 진단하고 문제를 해결할 수 있는 처방을 제시하는 과정이다. 여기서 주목해야 하는 것은 과거에 적용되어 치유되었던 과학적 활용방법이 현재에는 적용될 수도 있고, 그렇지 않을 수도 있다. 그만큼 오늘날의 기업환경은 매우 복잡하며 기업이나 개별경제가 직면한 환경과 경쟁이 치열하고 변화하고 있기 때문이다.

그러므로 기업에 직면한 문제에 관한 원인발생에 관한 진단과 분석, 과학적 원리와 원칙, 방법론의 적용이 무엇보다 중요할 수밖에 없다. 또한 해결 가능한 해법을 적용함에 있어 기업 및 개별경제가 가지고 있는 자원이 지극히 제한되고 한계성을 가지고 있다는 점에서 생산적이고 효율적인 방법 적용이 우선이다. 자원이 풍부하여 해당 자원(인력, 돈, 시간 등)을 활용하면 충분히 해결될 수도 있지만 기업은 자원의 한계와 제한을 절실하게 느끼고 있기 때문에 효율성을 극대화하고 효과적으로 해결하길 원한다. 따라서 경영학은 모든 문제를 해결하는 구체적인 방안이나 기법을 완벽하게 제시할 수는 없으며 문제 해결을 위한 최적(最適)의 의사결정 수단과 방법을 제공하는데 그 초점을 맞추고 있다.

대부분의 사람들은 경영학 또는 경영이라 하면 으레 '기업 경영'을 떠올리기 마련이다. 하지만 경영학은 기업뿐만 아니라 가정, 학교, 병원, 정부, 종교기관, 국가 간 외교 등과 같은 모든 조직체의 활동에 적용되고 응용된다. 그만큼 경영이라는 학문은 실질적인 측면에서 문제해결의 방법론으로 활용되므로 병원에서 환자를 치료하는 의사의 전문성과도 동떨어져 보이며 일반화되고 보편화되어 무엇을 정확히 적용하고 배워야 하는지 혼란스러울 수 있다. 한편 어느 곳에도 적용될 수 있는 원리와 응용 가능한 이론이 될 수 있어 너무 일반적이라는 비판을 받기도 한다. 하지만 개인 또는 조직체가 목표를 가지고 안정적인 생산과 운영을 목적으로 할 경우에 있어 보편적인 사회적 활동으로서 인적 ·물적·기타 자원을 합리적으로 결합하여 조직의 목표를 효과적·능률적·성공적으로 달성하는 과정을 학습, 적용한다는 점에서는 향후에도 그 진가가 계속 이어질 것이다.

Question 2

경영학은 구체적으로 어떠한 구조와 범위로 이루어져 있습니까?
단편적인 학문인가요? 아니면 경영학내에도 다른 세부적인 분야가 존재하나요?

1.1.2. 경영학의 범위

오늘날의 경영학은 마케팅, 영업, 조직행동·인적자원 관리, 경영 전략, 회계학, 재무관리, 경영 통계, 경영정보시스템, 고객관리, 창업에 이르기까지 세부적인 분야들을 다룬다. 경영은 인간이 수행하고 활동하기 때문에 사람들을 이끌어 나아가고 사람들을 관리하는 것이 매우 중요하다. 따라서 경영학을 전공하는 사람들은 대게 철학, 사상, 행정학, 심리학 혹은 사회학과 관련된 기본 지식들도 학습하며 자연과학인 통계학, 수리학 등 기초학문들을 경영활동에 응용하고 적용하기도 한다. 경영학은 다른 사회과학 이론을 바탕으로 한 것들도 많이 있지만, 나름대로 고유의 영역과 분야도 존재한다. 가령 경영에서 가장 근본이 되는 기업에서는 인적자원, 인력 이외에 중요한 것이 바로 '돈'과 '시간'이다. 즉 기업에서는 생산된 제품 또는 서비스에 얼마나 이윤과 이익이 발생하는지 혹은 어떻게 돈이 흘러가고 돈이 어떻게 운용되는지 파악하는 것이 중요하기 때문에, '회계학'(영어로는 Accounting 으로, A-count - ant, 콩을 센다라는 뜻을 가진 단어이다)과 '돈'을 관리하는 '재무'도 다룬다. 돈이 흘러가는 위치 추적도 중요하지만 돈을 어떻게 관리하여 이윤을 더 남길지도 경영학에서는 매우 중요하기 때문이다. 기업이 보유한 자원을 활용하여 효율적으로 생산하는 생산과 품질, 시장에서의 고객심리를 활용하여 숨겨진 고객의 니즈를 과학적으로 탐색하고 발견하는 '소비자행동', 이를 활용한 '마케팅과 영업', 고객의 지속적인 재방문과 재구매를 유발시키고자 하는 '고객 관리' 등도 경영학의 주요 탐구 영역이자 학문적인 분야이다.

Question 3

경영학은 어떠한 과정을 거쳐 진화하고 발전하게 되었나요? 과거와 현재의 경영학은 어떻게 달라져 있나요? 그 범위와 수준에서 어떤 차이가 있나요?

제2절 **경영학의 발전**

경영학에서 본격적으로 이론화되고 연구된 것은 바로 '분업에 따른 전문화'라고 할 수 있다.

〈표 1-1. 고전적 접근법〉

과학적 관리법	포드시스템	일반관리론	베버의 관료제
차별적 성과금(생산량) 표준과업(시간,동작연구) 높은 임금, 낮은 노무비 기능식 직장제도	단순화, 표준화, 전문화 대량생산 컨베이어벨트 저가격 고임금	14가지 원칙 명령일원화 계획,조직,지휘,조정, 통제	대규모 조직 운영 분업, 공식적 문서화, 규칙

'분업' 이후의 떠오른 화두는 바로 '대량생산'이었다. 대량생산의 시초는 미국 포드자동차가 개발한 컨베이어벨트인데 포드는 컨베이어벨트를 통한 효율적인 대량생산 시스템을 실현시킨 것으로 유명하다. 컨베이어벨트는 에디슨의 전기의 발명과 더불어 21세기 최고의 발명품이라고 일컬어지기도 한다〈그림 1-1〉.

컨베이어벨트는 '도살장'에서 사람들이 정렬하여 각자 지정된 부위만 작업하는 것을 보고 영감을 얻었다고 한다. 포드자동차는 컨베이어벨트를 통해 효율적인 대량생산에 성공하였고 자동차의 대중화를 통해 '규모의 경제'를 이룩하였다. 이러한 컨베이어벨트는 현재도 많은 제조, 생산업체에서 필수적인 요소로 사용되고 있다.

〈그림 1-1. 포드자동차의 컨베이어벨트〉

<표 1-2> 경영학의 발전 과정

연도	경영학 이론과 방법	주요 내용
18C 후반	분업	아담스미스의 국부론
20C 초	과학적 관리법	테일러, 높은 임금 낮은 노무비
	포드 시스템	단순화, 표준화, 전문화
	일반관리론	페욜, 경영관리 14가지 원칙
	관료제론	베버, 조직 운영 원리
1930년대	인간관계론	비공식 조직의 존재와 기능
1960년대	시스템적 접근법	기업은 유기적 구성체
1970년대	상황론적 접근법	상황에 따라 다른 경영방식
1990년대	자원기반 관점	기업 경쟁력의 원천은 내부
2000년대	기업의 사회적 책임 (Corporate Social Responsibility)	①유지, 존속책임 ②이해조정책임 ③후계자 육성 책임 ④정부 책임 ⑤지역사회발전 책임
2010년대	4차 산업혁명	
2020년대	디지털 시대의 본격화	

　포드 시스템으로 인한 대량생산은 완성되어갔지만 기업의 생산성과 효율성을 증대시키기 위한 조직구성원의 만족과 행복은 오히려 감소하거나 불만이 쌓이기 시작하였다. 이에 제조공장 책임자로 일하던 '호손(Hawthorne)'이 공장의 조명실험을 통해 조직구성원 개인들이 자신의 행동이 관찰되고 있음을 인지하게 될 때 그에 대한 반응으로 업무 행동들을 조정, 순화한다는 것을 발견하고 '인간관계'의 중요성을 강조하는 이론으로 발전하게 되었는데 이는 현재 경영학에서 다루어지고 있는 '성과평가', '인센티브와 보상', '임파워먼트'의 시초가 되었다.

　이후 시장 확대와 국가간 경쟁이 치열해지는 동시에 개별 소비자의 목소리가 커지고 경쟁사가 증가로 인해 기업의 효율성문제가 본격화됨에 따라 기업이 하나의 유기적 구성체로서 움직여야 한다는 '시스템 접근법'이 등장하게 되었다. '시스템 접근법'은 조직이 전체로서의 하나의 단일체 성격이지만 개방적인 시스템으로서의 동적균형을 추구해야 하며 피드백을 통한 안정과 성장을 추구해야 한다는 이론적 접근방법이다.

1970년대 이후부터 국가 간의 무역이 활발해지고 다양한 산업이 등장하면서 시설 및 장비 인프라가 고도화되고 조직을 구성하는 인력이 증가함에 따라 기업의 생산성과 효율성을 극대화하는 동시에 기업경영에서의 리더의 역할이 부각되었다. 이에 리더십 분야의 시초가 된 '상황론적 접근법'이 주목을 받게 된다. '상황론적 접근법'은 피들러에 의해 개발된 상황적합이론에 근거하여 상황적 요소와 리더 유형의 상관성에 초점을 두고, 관계 지향적 리더와 과업 지향적 리더로 구분하여 각 상황에 맞는 리더 유형을 찾아 기업경영에 효율성을 찾으려 하였다. 과업 지향적 리더는 매우 호의적이거나 매우 비호적인 상황에서 더 높은 성과를 올리는 경향이 있으며, 관계 지향적 리더는 호의성이 중간 정도 일 때 가장 높은 성과를 올릴 수 있다는 결론을 얻었다.

치열한 기업 간의 시장 경쟁과 환율, 석유파동 등의 경제위기를 겪으면서 기업의 생존과 성장이라는 키워드가 부각됨에 따라 '구조조정'과 함께 조직 재건이라는 '리엔지니어링(BPR)' 즉, 업무방식을 근본적으로 바꾸거나 기업문화까지 파괴적으로 혁신해야 한다는 '슘페터의 파괴적 혁신이론'이 주목을 받게 되었다. 이에 '벤치마킹'과 '아웃소싱', 대규모 인적자원을 계획적으로 감축하는 '다운사이징'과 함께 거대한 조직구조를 보다 단순한 형태로 조정하고 축소하기 위한 방법과 방안들이 경영학계에 등장하였다. 동시에 생산성과 효율성의 극대화를 위한 '목표관리'가 기업경영에 중요한 요인으로 간주되었다. 즉 목표달성 정도를 정기적으로 확인하며 기존의 경영진에서 구성원에게 명령하고 하달되던 의사결정이 구성원이 합의하는 참여적 의사결정 형태로 바뀌며 목표달성 방법 자율적 결정을 통해 동기부여 및 성과위주의 보상이 기업 운영에 있어 중요한 결과로 자리매김하였다. 이처럼 경영학계와 기업의 간의 노력을 통하여 모든 기업과 조직에서는 KPI(Key Performance Index)라는 성과지표를 활용하고 이에 따른 성과평가를 받는 것이 정착되었다.

국내의 경우에도 1970년부터 1990년대 초반까지 국가 경제 발전에 부응하기 위한 인재양성을 목표로 경영학보다는 무역학이 대학교육의 중심을 차지하고 있었으며 해외수출이 증가하면서 외국어 관련학과들이 대학교육에 전문화를 이끌었었다. 이후 1990년대 이후 정보통신의 발달로 대학은 경영정보학(MIS)와 국제경영학이 경영학의 주요 과목으로 포함된 뒤 무역학이 사라지고 최근에는 경영정보학 역시 빅 데이터와 인공지능 중심으로 경영학 주요 관심이 바뀌어 가는 추세다.

Question 4

> '4차 산업혁명의 시대'라는 용어를 흔히 사용하는데 4차 산업혁명시대에 경영학은 어떻게 진화하고 발전하게 될까요?

제3절 디지털 시대의 경영학

1.3.1. 디지털 시대의 본격화

경영학의 거대한 발전과정과 흐름을 예견하거나 예측하기는 어렵지만 1980년대 이전 까지 기업경영이 원가 경쟁력 확보를 목표로 규모의 경제성 추구를 통해 원가 절감 중심의 시장 가치 창출에 초점을 두었고, 1990년대까지 품질 및 서비스 경쟁력 확보를 목표로 범위의 경제성 추구를 통해 제품의 다양성·이용의 편리성 중심의 시장 가치 창출에 초점을 두었다면 향후 경영학은 고객 개개인의 욕구 충족을 목표로 퓨전 경영을 통해 고객 차별적 솔루션제공 중심의 시장 가치 창출에 초점을 두는 방향으로 이동하고 있다고 볼 수 있다.

인터넷과 IT기술의 발달로 경영이란 개인화된 제품 및 서비스의 창출을 목표로 현재 개별적으로 구축·활용되고 있는 주요 경영 인프라들을 융합(Integration) 되어 다양한 경영 자원을 필요시마다 신속히 확보할 수 있는 경영이 요구된다. 따라서 4차 산업혁명 시대를 맞이하여 디지털 기술의 고도화로 인해 미래 경영에 요구되는 기업 경영은 아래와 같이 세 가지를 갖출 필요가 있다.

- 지식 활용을 극대화할 수 있도록 지식 및 정보가 통합 관리되는 지식·정보관리 인프라가 구축되어야 한다.
- 개별 고객이 요구하는 품질, 전달 시간, 가격에 대응할 수 있도록 낭비적, 부가가치 창출 저해 요소가 배제된 운영의 디테일이 강조되어야 한다.
- 국내·외 사업 파트너들이 자유스럽게 특정 사업의 수행을 목적으로 결합·분해할 수 있는 대내외 협력 네트워킹이 결속되어야 한다.

이들 경영요인들의 융합적인 형태로 세 가지 유형의 경영체계 확립이 가능해질 수 있는데, 우선 사업모델과 소비자 이익에 차별성을 추구할 수 있다. 지식·정보 인프라와 대외 협력 네트워킹을 융합하여 최종소비자와의 친밀성이 우수한 사업 운영 모델로 구축할 수 있다. 또한 기업경영의 최대목표인 효율성을 개선할 수 있다. 지식·정보 인프라와 운영 디테일을 추구함으로써 개별 소비자에 대한 맞춤형 상품을 제공하고 실시간 반응을 제고함으로써 내부 성과의 향상을 가져오는 체제를 만들어낼 수 있다. 마지막으로 변화속도가 빠른 시장 환경에 있어 기업 경영의 민첩한 대응이 가능해질 수 있다. 운영 디테일과 대외 협력 네트워킹을 융합하여 자사, 협력업체가 공동으로 시장 변화에 민첩하게 대응하는 모델을 완성할 수 있다.

Question 5

디지털 시대의 경영에서 기업들이 준비하고 대비해야 하는 것은 무엇인가요?

1.3.2. 디지털 시대의 기업경영

우선 기업은 기업경영에 있어 자사 중심적 사고를 탈피해야 한다. 우리 기업들은 아직도 필요한 경영자원 확보를 위해 관련 사업파트너와 종속적 관계를 유지하고 강화하는 자원 종속(resource dependency) 지향성을 추구하는 것처럼 느껴진다. 가령, 기업이 필요한 자원에 대하여 외부로부터 아웃 소싱 하여 활용하면 아웃소싱을 통한 협력 관계 설정보다 아웃소싱하는 구매자의 입장에서 독점적 지위를 요구하는 경우가 낯설지 않다. 그러나 새롭게 등장하고 있는 고객 차별적 가치의 창출 필요성은 다양한 원천을 통한 자원의 동원 및 신속한 배분이 요구되고 있으므로 자사 중심적 사고에서 벗어나 항상 협력적 관계 네트워킹을 중시하는 사고로의 전환이 요구된다.

둘째, 기업이 전개하는 사업의 가치과정을 현재의 상태보다는 미래 상태로 확대하고 그 과정 속의 내용을 구체적으로 정의해야 한다. 지금까지 기업들은 가치 사슬(value chain) 가운데 상류의 공급망 및 동종 내 경쟁업체만을 대상으로 시장 내 경쟁에서의 우월적 지위를 확보하는 경쟁우위전략에 집중해왔다. 차별적 가치의 창출은 자사의 생산, 공급 부문뿐만 아니라 유통·금융 등 서비스와 배송 물류와 같은 부문과의 협력이 절대적으로 요구된다. 이러한 차원을 단적으로 설명해줄 수 있는 것이 바로 대형 프랜차이즈 기업들이 배달의 민족 등 배송업체에 상당 부분의 시장점유율과 고객점유율을 의지하는 현상이다. 배달의 민족이라는 광고 플랫폼을 활용하지 않고는 매출의 급락과 함께 네이버의 스마트 스토어에서 파워링크 광고 또는 해당 상품 카테고리에 상위부분에 노출되지 못하는 것과 유사하다. 최근에는 아웃소싱의 증가, 제품의 전자화, 그리고 IT의 발달로 사업모델과 고객의 가치체계 과정에서 새로운 제품 및 서비스 그리고 사업 방식이 등장하고 있다. 새로운 경영 체제의 구축에는 현재보다는 미래의 가치체계를 조망하는 전략적 사고가 필요하다.

마지막으로 모방할 수 있는 검증 모델이 없으므로 창조적인 노력과 검증이 필요하다. 국내외 업체를 불문하고 디지털 경제에 적합한 비즈니스 모델의 구축이 핵심 경영 과제로 대두되고 있다. 특히 디지털 혁명은 국내 업체와 해외 업체 모두 동시기에 다가온 관계로 국내업체에게는 모방할 수 있는 검증된 모델이 많지 않은 실정이다. 따라서 글로벌 선도 업체로 도약하고자 하는 국내업체에게 있어 창조적 발상과 가치를 추구할 수 있는 경영 체제의 독자적인 접근 방법을 개발하는 노력이 절대적으로 요구된다.

QUIZ

소속 _____

성명 _____

❶ 경영의 기본 개념이 무엇인지, 어떠한 세부적인 내용을 학습하는 것인지를 분류하여 정의하시오.

_____

_____

_____

_____

_____

_____

_____

_____

_____

_____

_____

_____

_____

_____

❷ 기업에서 경영하는 주된 목적은 '한정적인 자원(돈, 시간, 인력)'의 효율적인 활용이라고 할 수 있다. 한정적인 자원을 효율적으로 활용하여 기업이 추구하는 목적을 달성하기 위해서 해야 할 일은 무엇인지 서술하시오.

❸ 경영에서 기업의 성과지표는 KPI(KEY PERFORMANCE INDEX)를 주로 활용하는데 KPI는 어떻게 구성될 수 있는지 토론해봅시다.

❹ 2016년부터 산업과 기업 경영에서 중요한 트렌드로 자리 잡은 '4차 산업혁명'에 대하여 과거 경영학에서 추구해온 방향과 차이점은 무엇인지 서술하시오.

제2장
생산과 품질관리

제1절 생산시스템과 프로세스
제2절 생산관리
제3절 품질경영

제 2 장

생산과 품질관리

Question 1

기업경영은 기업에서 생산 또는 제조한 제품 또는 서비스를 구매자인 기업 또는 소비
자에게 제공하는 판매수익으로 운영됩니다. 생산은 경영에서 어떠한 의미를 가지나
요?

제1절 생산시스템과 프로세스

2.1.1. 생산의 의미

우선 생산은 사람의 경제 활동 중 주된 활동으로 토지나 원재료 등에서 사람의 요구
를 충족하는 재화를 만드는 행위나 그 과정을 가리킨다. 즉, 인간의 욕구를 충족시켜
줄 수 있는 효용가치가 있는 제품이나 서비스를 만들어 내는 창조적 기능을 의미하며
기업의 관점에서 생산경영은 투입물을 제품이나 서비스와 같은 산출물로 변환시키는
변환시스템 혹은 생산시스템의 효과적·효율적 관리를 뜻한다.

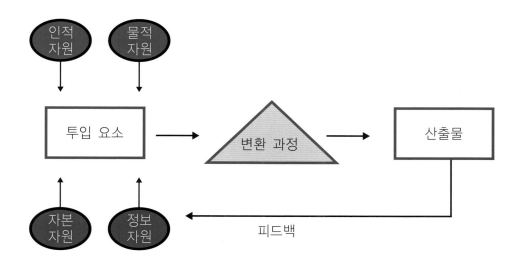

〈그림 2-1. 생산시스템으로서의 기업〉

기업이 생산시스템을 기업경영에 도입하면서 대부분의 기업에서 채택하고 있는 생산관리의 주요 목표는 ①낮은 원가 ②최상의 일관된 품질 ③신속하고 적시의 생산품 인도 ④고객에 대한 생산량의 유연성과 다양성이다. 기업은 생산관리의 주요 목표를 달성하기 위해 제조생산 전략과 프로세스를 생산과정상에서 관리하는데 주요 내용은 다음과 같다.

1) 생산제조전략

재고생산전략	고객인도시간 최소화, 일관품질, 저원가, 적시인도
주문조립 제조전략	주문 접수, 적은 수량, 조립품, 고객화, 빠른 인도시간
주문생산전략	소량 생산, 최고품질, 고객화

2) 프로세스 관리

구분	개별 작업(job)	배치 프로세스	라인 프로세스	연속 프로세스
개념	다양, 소량, 제품마다 각각 다른 공정	표준화된 특정제품을 한동안 생산한 뒤, 다른 제품을 같은 생산라인	고정경로를 따라 순차적	프로세스가 끊이지 않고 지속적으로 진행
사례	기계제작소, 미용실	제과점, 학교	조립라인, 카페테리아	제철소, 중앙난방시스템
생산량	소	중	대	매우 대
산출 변동성	매우 高	중	낮	매우 낮
설비유연성	매우 高	중	낮	매우 낮
장점	과업 처리 다양성확보	중간 수준 유연성	단위비용 低 高수량, 효율적	매우효율적, 高생산량
단점	- 느림 - 단위비용 高 - 계획 복잡	- 단위비용 高 - 계획 복잡	- 유연성低 - 휴지비용高	- 산출변동無 - 교체비용高 - 휴기비용高
설비배치	공정별	공정별	제품별	제품별

Question 2

생산이라고 하면 공장, 기계, 설비와 같은 단어가 떠오르는데 생산의 주요 개념과 주로 활용되는 용어는 무엇인가요?

생산의 주요개념 중에서 목표를 달성하는 정도의 효과성, 투입과 산출과의 관계에서 투입자본의 효과적인 운용을 나타내는 효율성이 매우 중요하다. 또한 생산된 제공품의 부가가치를 올리고 자원을 통합하여 성과물을 산출하는 것이 중요하다.

2.1.2. 생산의 개념과 주요 용어

〈 표 2-2. 생산의 주요 개념과 용어 〉

구 분	주요 내용
유효성/효과성 (effectiveness)	목표의 달성 정도
효율성 (efficiency)	투입과 산출 간의 관계, 투입 자원의 절약정도
효과적 (effective)	옳은 일을 한다는 개념으로 바람직하고 적절한 목표를 위해 자원을 사용했는지 평가.
효율적 (efficient)	옳게 했는가의 의미로 낭비를 줄이고 가장 좋은 방법으로 자원을 사용했는지 평가
가치부가 변환과정	투입 자원을 제품이나 서비스로 변화시키는 일련의 활동으로 이러한 활동을 통해 가치가 부가되었는가를 평가.
자원 통합	다양한 자원을 적절히 혼합하여 낭비를 줄이고 제품이나 서비스의 가치를 극대화.
성과 (performance)	원가, 품질, 납기, 유연성의 척도로 평가되는 기업이 달성한 목표치.

Question 3

기업들이 생산 또는 제조하는 제품은 너무도 다양하고 그에 따른 용어도 모두 다를 수 있는데 공통적으로 관리적 측면에서 알아 두어야 할 개념이나 용어는 무엇인가요?

제2절 생산관리

2.2.1. 생산관리 이해

기업의 생산관리에서는 생산능력 단위를 관리한다. 생산능력 단위는 장비, 공간, 노동력이 현재 사용되는 정도를 의미하는 '가동률'을 측정한다.

> **가동률 측정**
> 가동률 = (평균산출량/최대생산능력)×100%

가동률과 함께 예상 수요보다 많게 생산용량을 계획하는 여유생산능력을 측정한다. 높은 여유생산능력은 수요의 불확실성이 높을 때, 고객서비스가 중요한 산업에서 갖추어야 하며, 낮은 여유생산능력은 표준제품, 자본집약도가 높은 산업, 설비신뢰도가 높을 때 준비되어야 한다.

> **여유생산능력**
> 여유생산능력=100%-가동률

생산관리에서 중요한 부분 중의 하나는 '프로세스 제약관리'로서 제약이란 생산 시스템 성과를 제한시키고 산출을 한정시키는 요인을 찾아 이를 집중적으로 관리하는 것을 의미한다. 제약관리를 성공적으로 수행하기 위해서는 ①병목작업의 유휴시간이 최소화되도록 계획을 수립해야 하며, ②작업흐름을 최대화하는 절차인 병목공정 확인, 활용, 지속적개선, 제약조건을 향상시키고, ③설정된 목표가 생산에 적합한지를 확인하며, ④비병목공정의 가동률은 병목공정의 속도에 의해 결정되므로 개별 공정에 관한 생산성, 효율성을 점검해야 한다. 특히 생산품의 산출률과 재고는 생산능력이 가장 작은 병목공정에 의해 결정되므로 모든 공정보다 병목공정을 우선적으로 단축시켜야 한다.

Question 4

생산관리는 시장에 자사의 제품을 원활하게 공급하기 위함일 것입니다. 그렇다면 제품의 제조 또는 공정에 대한 관리가 중요할 것으로 생각됩니다. 어떠한 부분에 중점을 기울여야 하나요?

2.2.2. 공정별 생산관리

대부분의 경우 아주 작은 작업공정을 가진 생산시설을 제외하고 대부분의 경우 복잡한 여러 가지의 공정과정을 거쳐 생산이 이루어지므로 각 공정라인별로 해당 공정이 원할히 작업되고 생산되지 확인해야 한다. 이를 위해서는 각 공정라인별로 균형을 맞추어야 하는데 공정 라인별 프로세스가 최소의 작업장 수로 원하는 산출을 얻도록 작업을 할당하는 과정인 '라인 밸런싱'에 신경을 써야 한다. 공정라인별로 균형적 가동이 이루어질 경우 산출률을 인력계획이나 생산 계획에 맞추어 바람직한 산출 결과가 이루어지도록 관리해야 한다. 또한 각 작업장에서 한 단위 생산에 허락된 최대시간인 '주기시간'을 관리해야 한다.

주기시간

$$c = \frac{1시간}{r} = \frac{3600초}{r}$$

c = 주기시간
r = 산출률

다음 생산관리에서 기본적으로 활용되는 사항으로 기업별 생산제품에 따른 공정과 생산시설에 따라 차이가 발생할 수 있으니 개략적으로 참고할 필요가 있다.

- 이론적 최소치(TM) = 단위당 총 작업시간 / 주기시간
- 유휴시간 = 작업장 수×주기시간 − Σt
- 균형효율 = Σt/(작업장수×주기시간)
- 생산효율=산출량/최대생산능력*
  (*최대생산능력=작업자 수×하루노동시간×가동률×1시간생산×근무날짜)
- 밸런스지체(%) = 100% − 효율

Question 5

경영에서 공통의 비용절감 및 이익증대를 추구하고 소비자 가치를 극대화하기 위하여 제품과 서비스의 공급관리는 매우 중요한 일인데, 공급관리 활동을 어떻게 전개하고 추진해야 하나요?

2.2.3. 공급관리

공급사슬관리(Supply Chain Management: SCM)란 제품의 생산단계에서부터 소비자에게 최종적으로 판매될 때까지의 모든 과정을 연결시켜 판리하는 것을 의미한다. 이와 같이 제품의 생산단계에서 소비자에게 최종적으로 판매되는 과정의 단계를 연결한 것을 공급사슬이라고 하며, 공급사슬은 제품과 정보의 흐름상에 존재하는 공급자, 제조자, 유통자, 고객 전체로 구성된다. 공급사슬관리의 개념은 공급사슬상의 정보와 재화의 흐름과 생산 및 유통의 파정을 하나의 통합된 전략과 정책에 의하여 관리하는 것이다. 다시 말하면 공급사슬은 공급자, 제조자, 유통업자, 고객 등의 물리적인 관계와 서비스 정보, 현금 등의 논리적인 관계 속도와 확실성하에서 통합하여 정보

흐름 〉상품흐름 〉현금흐름의 과정을 거쳐 기능(설계, 제조 물류 등)과 업계(공급자, 생산자, 고객 등)간의 동선 및 의사소통 조정과 제어, 제품과 프로세스의 혁신 및 리엔지니어링. 물류효율 증대. 재고 감축, 정시 배송, 고객 만족, 비용 감축, 생산성 증대 등을 달성하는 전 과정 및 경영을 의미한다.

　SCM의 유형은 일반적으로 주문조립생산(표준화된 부품재고를 유지하여 고객주문에 맞추어 조립생산)과 모듈화설계생산(다양한 제품을 구성요소의 표준화 및 제품차별화를 통한 비용우위를 가져가는 생산)으로 크게 구분된다. 공급사슬관리에서 중요한 경영이론은 '채찍효과'가 대표적인데, 최종소비자의 수요 변동에 따른 수요 변동 폭이 증폭되어 가는 현상(공급사슬의 비효율)을 의미한다. 이러한 채찍효과가 나타나는 외부원인은 ①수량변동 ②제품/서비스 믹스변동 ③납기지연 ④미달 공급으로 인해 발생한다. 반면 채찍효과의 내부원인으로는 ①내부에서 야기된 공급부족 ②설계변경 ③신제품/서비스 출시 ④정보오류 ⑤배치주문 ⑥판촉활동으로 발생한다. 특히 생산품을 대량으로 공급받길 원하거나 판매거래처가 증가함에 따라 '대량 고객화' 현상이 발생하는데, 이러한 대량 고객화는 규모의 경제가 실현되지는 않지만 주로 표준제품과 서비스를 생산하면서 최종단계에서 고객 맞춤형으로 변형되길 원하거나, 새로운 생산 공정에 따른 대규모 투자 요구될 수도 있다. 또한 생산수량을 필요에 따라 효율적으로 변동시킬 수 있는 생산라인을 요구하거나 고도로 숙련된 작업자들이 요구되기도 한다. 최근에는 기업들 간 IT를 이용한 실시간 정보공유를 통해 시장이나 수요자들의 요구에 기민하게 대응토록 지원하는 통합적 관리체계를 의미하기도 한다.

　공급사슬관리에 따른 전략은 Hau Lee(2002)가 구체화했는데, 그는 Fisher(1997)의 연구에 제품을 기능적 제품과 혁신적 제품으로 나누었으나, 수요의 불확실성 및 공급의 불확실성을 동시에 감안하여 매트릭스를 구성하고 각각의 셀에 따라 해당 제품을 제시하였다. 공급사슬의 구조는 이러한 불확실성을 제거하는 방향으로 설계되어야 하며 각각의 셀에 따라 다른 공급사슬의 구조가 설정되어야 한다고 주장하였다.

〈표 2-3 수요 및 공급의 불확실성 매트릭스〉

		수요의 불확실성	
		저(기능적)	고(혁신적)
공급의 불확실성	저(안정적)	식료품(효율적 공급사슬) : 재고 최소화, 효율극대화	컴퓨터(반응적 공급사슬) : 대량고객화
	고(혁신적)	수력발전(위험회피 공급사슬) : 안전재고 증가	통신(민첩 공급사슬) : 위험회피+반응적

생산관리에 있어 특히 생산합리화를 위해서는 3S라 하여 '표준화', '전문화', '단순화'하는 요소가 매우 중요하다.

Question 6

> 모든 기업에서 가장 중요하게 고려하는 것은 바로 품질을 높이기 위해서는 불가피한 비용의 상승을 초래할 수밖에 없는데, 품질 경영에서 중요하게 인식해야 하는 것은 무엇이 있나요?

제3절 **품질경영**

2.3.1. 품질의 개념

우선 품질은 생산 제조된 제품의 '규격 일치성(conformance to specifications)'과 '사용 적합성(fitness for use)'의 특징을 가진다. 규격 일치성이란 제품이 설계명세에서 요구하는 사항을 얼마만큼 잘 충족시켰는가를 의미이며 생산자 관점에서의 정의한 것이다. 사용적합성이란 고객이 제품을 사용함으로써 그 목적이 성공적으로 달성되는 정도, 즉 제품에 대한 고객의 만족 정도를 의미하고 사용자 관점에서의 정의한 것이다. 품질은 크게 3가지로 나누어 관리할 수 있다.

설계품질(quality of design)

설계품질이란 제품의 설계가 얼마나 고객의 요구에 맞도록 이루어졌는가를 의미하며, 시장 조사, 설계개념 및 규격에 의해 결정된다.

적합품질(quality of conformance)

적합품질(또는 제조품질)이란 생산된 제품이 설계규격에 얼마나 적합하게 제조되었는가, 즉 생산된 제품이 설계품질에 일치하는 정도를 의미한다.

가용성(可用性 : availability)

가용성이란 제품이 고장이나 수리 중이 아니라 사용 가능한 상태에 있는 비율을 말하며, 신뢰성과 유지성에 의해 결정된다.

특히, 가용성은 신뢰성과 유지성이 높으면 가용성도 높아지는데, 예를 들어 어떤 제품의 평균고장간격시간이 8시간이고, 평균수리 시간이 2시간이라면 가용성은 80%가 된다고 할 수 있다. 가용성이 높으면 높을수록 제품의 품질이 뛰어나고 우수하다고 보면 된다.

Question 7

기업이 생산한 제품에 대한 품질관리 발전 단계는 무엇인가요? 그리고 최근 품질관리는 무엇을 강조하거나 중점을 두고 있나요? 품질 관리를 하면 할수록 기업의 비용이 증가할 것 같습니다.

2.3.2. 품질의 발전단계 및 비용개념

기업 경영에 있어 품질관리를 해온 발전단계를 살펴보면 다음과 같다.

〈표 2-4. 품질경영 발전단계〉

구분	주요 내용
① 작업자 품질관리	- 작업자가 제품생산의 전 과정을 담당하고 또 자신이 만드는 제품에 대해 품질까지 책임을 지는 것
② 감독자 품질관리	- 분업의 개념이 도입되면서 각 작업자는 제품생산의 일부 담당으로 지휘 감독자가 제품의 품질에 책임을 것.
③ 검사 품질관리 (Quality Control)	- 제품의 제조 후에 검사를 전담하는 전문적인 검사자와 검사부서가 품질에 책임을 지는 것.
④ 통계적 품질관리 (Statistical QC)	- 품질관리도 : 1924년 Bell Lab.의 W.A. Shewhart가 개발 - 샘플링검사법 : Bell 연구소의 Dodge와 Romig이 개발
⑤ 총체적/전사적 품질관리(TQC)	- 1960년대에는 제품의 설계에서부터 생산, 판매, 제품보증 및 A/S 에 이르기까지 품질에 영향을 미치는 기업 내 모든 부문의 노력을 모아 총체적으로 품질관리를 추진
⑥ 총체적품질경영 (TQM: Total Quality Management)	- TQC와는 달리 품질관리 개념을 제품 자체에서 조직 시스템/경영 의 차원으로 전환해야 함을 강조함. - 최고경영자의 품질방침에 따라 경쟁력 있는 품질을 확보하는 것을 목표로 전조직구성원의 참여하에 제품과 생산 공정을 지속적으로 개선함으로써 고객 만족을 극대화하기 위한 기업의 총체적인(기존 TQC와 SQC를 포함하는 넓은 개념)품질경영전략

특히 TQM은 최근까지도 품질경영에 중심이 되고 있으며 TQM 전략실천의 3가지 원칙으로 ①고객 중심(customer focus), ②지속적 개선(continuous improvement), 그리고 ③ 전원 참여(total participation)를 가장 중요한 가치로 두고 있다.

기업이 생산품에 대한 품질경영을 수행하기 위해서는 동시에 품질관리로부터 발생되는 품질 비용에 대한 관리에도 신경을 써야 한다. 품질 비용의 종류와 유형은 다음과 같다.

〈표 2-5. 품질비용의 유형과 특징〉

구분		특징	사례
통제비용	예방비용	품질문제가 발생할 가능성 감소	품질개선 프로그램
	평가비용	품질 유지를 위해	검사장비, 연구실
실패비용	내부실패비용	고객에게 인도되기 전에	재작업비용, 작업중단
	외부실패비용	고객들에게 인도한 후에	제품반송, 배상책임

거의 모든 기업이 전사적 품질경영(Total Quality Management: TQM)을 기법을 활용하는데 이는 기업 모든 구성원들, 품질향상, 고객만족 달성하기 위한 지속적 노력을 통한 지속적인 개선을 목표로 한다. 이는 TQM을 활용하는 조직과 일반조직 비교해보면 쉽게 품질관리의 중요성을 쉽게 이해할 수 있다〈표 2-6〉.

〈표 2-6. TQM 품질경영조직의 주요 내용 〉

특징	일반조직	TQM
미션	투자수익률 극대화	고객만족 향상
목표	단기실적	장, 단기 균형
경영자	문제 순위화, 직원들 강요	코칭, 장애물 제거, 신뢰구축
고객	최상위순위 아님	최우선 순위

문제	문제에 대해 부정적	문제를 규명하고 해결해야할 과제
문제해결	체계적이지 않음, 개인적 해결	체계적, 팀단위 해결
개선	산발적	지속적
공급자	적대적	파트너 관계
과업	범위가 좁고, 전문화, 개인단위	범위가 넓고 전문화가 낮음, 팀단위
초점	제품 지향적(결과지향)	프로세스 지향적(과정지향)

Question 8

기업에서 제조, 생산된 상품의 품질은 소비자의 만족과 재구매에 결정적인 선택 기준이 되는 것 같습니다. 기업에서 품질경영에 필요로 하는 방법이나 기법은 어떻게 이루어지고 있나요?

2.3.3. 품질관리기법

1) 6 시그마(6σ)

가장 대표적인 품질경영 기법으로는 6 시그마(6σ)가 있다. 이것은 제너럴 일렉트릭 등 여러 기업에서 도입되어 발전하였으며 특히 1990년대와 2000년대 동안 많은 인기를 얻은 기업 내 품질혁신 방법이다. 기업에서 전략적으로 완벽에 가까운 제품이나 서비스를 개발하고 제공하려는 목적으로 정립되었으며 기업 또는 조직 내의 다양한 문제를 구체적으로 정의하고 현재 수준을 계량화하고 평가한 다음 개선하고 이를 유지 관리하는 경영 기법이다. 식스시그마는 불량과 변동성을 최소화하면서 성과를 최대화하려는 종합적, 유연 시스템으로서 식스시그마가 추구하는 불량률은 100만개 중 3.4개에 불과하다. 식스시그마 개선모형은 프로세스 성과 개선으로 가는 5단계로 이

단계를 DMAIC(정의-측정-분석-개선-통제)라고 부른다.

조직 내에서 식스시그마 캠페인 또는 프로그램을 구성할 때는 다음과 같이 구성하고 시행한다.

① 챔피언 : 사업부 책임자, 1주일간 교육
② 마스터 블랙벨트 : 교육, 지도 전문요원, 블랙벨트 교육 후 2주일간 추가 교육
③ 블랙벨트 : 개선프로젝트 책임자, 실무 책임자, 4주간의 교육을 포함하여 총 4개월
④ 그린벨트 : 현업 담당자, 상대적으로 작은 규모의 프로젝트 책임, 통상 1-2개월 교육

2) ZD 프로그램(무결점운동, zero defects program)

ZD프로그램 또는 무결점운동(無缺點運動)이란 품질관리에 있어서 사전 예방을 강조하는 접근법으로서 처음부터 결점이 없는 완전한 제품을 생산하자는 품질향상운동이다. 1962년 미국의 마틴(Martin)사에서 미사일의 신뢰도 향상 및 원가절감을 목적으로 처음 시행되어 품질결함은 작업자의 오류에서 비롯되며, 작업자의 오류는 적절한 동기부여로서 제거될 수 있다고 가정한다.

3) QC서클(quality control circle)

QC서클(품질분임조)은 품질, 생산성, 원가 등 작업에서 발생하는 여러 문제들을 해결하기 위해서 정기적으로 모이는 작업자 그룹을 구성하여 품질관리를 시행한다. QC서클은 1962년 일본에서 처음으로 시작되어 생산성도 향상에도 기여하였다.

4) 100 PPM 품질혁신운동

PPM(parts per million)이란 제품 1백만 개당 불량품의 수를 의미하는데, 100PPM 운동이란 제품 1백만 개 생산 중에서 불량품을 1백 개 이내로 줄이자는 품질혁신운동이다.

그밖에 일반적으로 품질관리로 활용하는 기법은 '통계적 품질관리' 또는 '파레토 분석' 등을 시행하고 있다. 이중 '통계적 품질관리'의 기본 실행방안의 유형과 특징은 다음과 같다.

① 표본검사법 : 로트로부터 표본을 추출(불합격되어야 할 품질수준)하여 합격, 불합격을 결정.
② 관리도 : 공정상 품질특성을 대상으로 시간의 경과에 따른 품질수준을 추출, 측정하여 공정 변동의 가능성, 유무를 결정.
③ 샘플링 검사 활용 : 불량품을 모두 선별은 불가능하기 때문에 표본을 무작위로 추출(샘플링)하여 검사를 시행.

파레토 분석이란 소수의 불량항목이 전체 불량의 대부분을 차지한다는 파레토의 법칙에 근거하여 여러 가지 불량유형에 대해 자료를 수집한 다음, 이를 빈도순으로 나열한 도표로 나타냄으로써 우선적으로 해결할 중요한 불량항목을 찾아내는 기법이다.

QUIZ

제 2 장. 생산과 품질관리

소속 ....

성명 ....

❶ 기업이 원활한 자사의 제품 또는 서비스를 시장에 공급하기 위하여 생산시스템을 가동하면서 효율적 관리가 필요하게 되었다. 이에 기업의 생산관리의 목표를 서술하시오.

❷ 기업의 생산관리 프로세스는 크게 4가지로 구분될 수 있는데, 이들 프로세스의 개념과 주요 특징을 서술하시오.

❸ 생산관리에서 생산을 측정하는 지표인 '가동률'과 '여유생산능력'의 개념을 서술하고 각각 해당 개념을 구하는 지표 공식을 적으시오.

❹ 생산에 있어 공정라인별로 균형을 맞추어야 하는데 공정 라인별 프로세스가 최소의 작업장 수로 원하는 산출을 얻도록 작업을 할당하는 과정인 '라인 밸런싱'에 신경을 써야 하는데, 이를 위해서 각 공정별 생산주기 시간을 관리해야 한다. 생산주기 시간을 구하는 공식을 적으시오.

❺ 공급관리에 관한 개념을 정의하고 각 구성요인에 대해서 설명하시오.

❻ 기업은 자사가 공급하는 상품에 대한 품질을 관리하기 위해 3가지의 기본적인 개념을 생각하며 관리에 힘쓰고 있다. 이 3가지 기본 개념에 대해서 설명하시오.

제3장
마케팅 관리

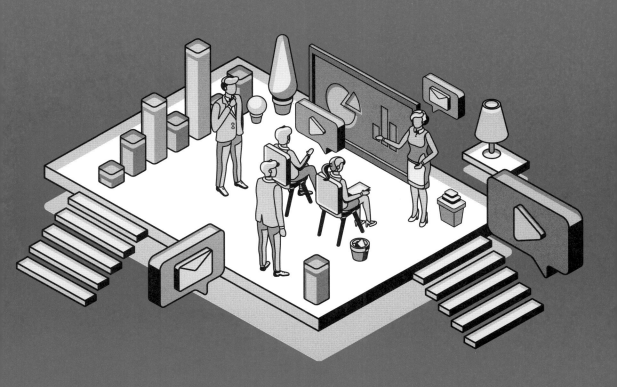

제3장
마케팅 관리

Question 1

소비자는 기업의 제품과 서비스를 구매하기 전에 정보를 얻고 경험하기를 선호하는데 기업의 마케팅 관리자는 기본적으로 무엇을 준비하고 알아야 할까요?

제1절 소비자 행동과 마케팅 조사

3.1.1. 소비자 행동의 이해

기업의 마케팅 활동을 관리하는 지식의 기본은 소비자의 구매행동을 이해하는 것이다. 기업 경영에서 생산, 제조된 제품과 서비스를 판매하기 위한 구체적인 마케팅 계획을 수립하기 위해서는 기업이 진출한 시장 내 소비자에 관한 이해가 가장 중요한 일이다. 다시 말하면 다양한 제품과 서비스에 관한 소비자의 선택과 구매의사결정과정을 먼저 이해할 필요가 있다. 소비자가 선호하는 것은 무엇인지, 만족과 불만족의 요인은 무엇인지 등을 파악하는 것은 마케팅의 기본적인 틀과 이론으로서 이 분야가 바로 소비자행동이다. 소비자행동은 소비자들의 심리를 연구하는 기초적 학문으로 소비자들이 어떠한 심리(생각)를 가지고 단계를 거쳐 구매행동까지 이어지는가를 연구 하는 것이며 자원의 효율성을 고려한 성공적인 마케팅을 펼 수 있는 기본적인 자료가 된다.

개별소비자마다 제품과 서비스에 대한 기억과 경험하는 것이 모두 다르고 다양한 경쟁사 광고와 홍보 등 내·외부 자극에도 사람마다 차이가 발생하기 때문에 동일한 제품과 서비스 정보를 받아들이는 소비자의 인지와 지각에는 차이가 발생한다. 이는 소비자 개인의 특성, 사회적인 이유, 소비자들이 거쳐 가는 심리적인 단계의 차이로 인해 발생된다.

소비자행동은 구매행동을 유도하는 변수들을 설명하고, 이들 변수 간의 관계를 규 명하며 아울러 이들이 소비자행동에 어떻게 영향을 미치는가를 밝히고 있는 체계를

〈그림 3-1. 소비자의 구매의사결정과정〉

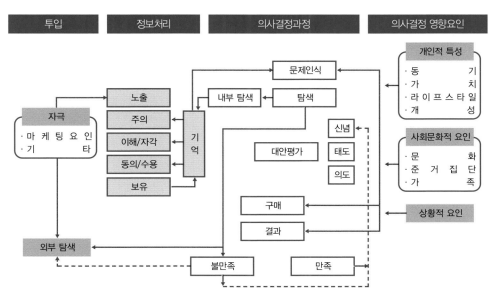

자료 : James F. Engel, Roger D. Blackwell, and Paul W. Miniard(1986). Consumer Behavior. 5th ed., Hinsdile. 111.: The dryden Press. P.35

의미한다. 소비자행동은 소비자가 받아들이는 정보처리 역량, 경로, 정보처리 수준 등을 기초로 소비자행동을 모델화함으로써 통합적이고 전체적인 관점에서 체계적으로 파악하는 것이 중요하다.

소비자행동은 마케팅전략 수립 시 가이드라인을 제시함은 물론 마케팅 의사결정에 필요한 정보와 시장세분화 기준을 제공할 수 있다. 특히, 소비자 행동모델은 소비자의 구매행동에 영향을 주는 여러 변수들을 계량화하는 데 유용하게 쓰인다. 〈그림 3-1〉은 소비자의 제품과 서비스에 관한 구매의사결정을 도식화한 것이다. 소비자행동에 관한 탐색은 마케팅 관리자가 소비자의 정보처리 및 구매의사결정과정을 이해함으로써 시작된다.

구매의사결정과정을 보면 내·외부 자극으로부터 정보를 취득하고 소비자가 노출, 주의, 이해와 지각, 동의와 수용, 보유과정을 거쳐 정보처리를 하게 된다. 이때 과거의 경험 등이 기억과 연상으로 작용한 뒤, 소비자가 직면한 문제를 인식하고 대안을 평가하는 과정에서 구매욕구가 발생하여 구매의사결정과 행동에 이른다. 구매결과로 만족과 불만족이 발생하여 재 구매와 재방문 또는 구매포기와 지연 등의 행동으로 연결된다.

Question 2

시장에서 소비자 행동을 이해하기 위해서는 소비자가 상품을 어떠한 조건과 상황에서 구매의사를 결정하는지 알아야 하는데 대표적인 이론과 그 모델은 무엇인가요?

3.1.2. 소비자 행동 모델

제품을 구매하는 소비자들은 어떤 특정한 행동을 보이고 있으며, 이러한 특성을 파악하여 많은 연구자들은 소비자행동모델을 정립해왔는데, 이중 대표적인 것이 Engel, Balckwell과 Miniard(1986)이 모델이며 5단계를 통해서 의사결정이 이루어진다.

〈표 3-1. 구매의사결정과정 5단계〉

의사결정단계	주요 내용
문제인식	소비자의 욕망수준이 높아지면 이 욕망을 충족시키려는 동기가 '문제인식'을 야기한다. 야기된 자극요인으로 크게 우선 기업의 설득광고와 같은 외적 자극을 통해 문제인식이 발생하고 선택적으로 수용·보유된 정보만이 문제인식의 동인으로 작용한다. 또한 문제인식은 개인적 특성, 사회·문화적 여향, 상황적 요인 등에 따른 내적요인에 의해서도 야기 된다.
정보탐색	인식된 문제를 해결하기 위해 필요한 정보와 대안을 탐색하는 단계이다. 소비자는 우선 기억 속에 저장된 정보를 검색하게 되는데, 이를 내부탐색(internal search)이라 한다. 만일 기억 속의 정보가 충분하지 않으면 외부탐색(external search)을 하게 된다.
대안평가	수집된 정보를 기초로 다양한 대안을 비교·평가하는 단계이다. 우선 소비자는 수집된 정보를 기초로 특정상표에 대한 '신념'을 형성하고 형성된 신념은 특정 상표를 선택하는 '태도'에 영향을 주게 되며, 그 결과가 긍정적이면 그 상표에 대한 '구매의도'가 높아질 것이다. 구매의도가 있어야만 실제로 구매할 가능성이 높아진다.
구매	구매의도가 가장 높았던 상표의 제품을 구매한다. 하지만 다른 영향요인이 강하게 작용하면 실제로는 다른 상표가 구매되기도 한다. 구매행동에 영향을 미칠 수 있는 요인으로는 준거집단의 규범, 갑작스런 재정상태의 변화, 선호제품의 품절 등을 들 수 있다.
구매결과 (구매 후 평가)	구매 후 제품의 구매 및 사용결과를 피드백 하는 최종 단계를 거친다. 구매제품의 사용결과에 만족한 경우에는 그 상표에 대한 그의 긍정적인 태도나 신념이 더욱 강화되지만 불만족스런 경우에는 다음 구매결정에 부정적 영향을 주게 된다.

Question 3

소비자가 자신의 구매경험 또는 기억을 통해 구매의사결정을 하기도 하지만 대부분은 외부의 다양한 정보를 탐색하는데, 소비자 정보탐색에 있어 영향을 미치는 요인은 무엇인가요?

3.1.3 정보탐색 영향요인

소비자가 제품 또는 서비스의 정보탐색에 있어 이에 영향을 미치는 영향요인을 살펴보면 〈표 3-2〉와 같다.

〈표 3-2 정보탐색 영향요인과 주요내용〉

영향요인의 분류	정보탐색 영향요인	
	저수준의 정보탐색	고수준의 정보탐색
종합적 결정요인	고비용 탐색으로 낮은 효과 기대	저비용 탐색으로 높은 효과 기대
심리적 요인	· 저관여(항상 사용하는 일상적인 제품 : 비누, 세제) · 과거 구매경험 많음 · 현재 상표에 대한 높은 만족 · 쇼핑을 싫어함 · 상표 애호	· 고관여(내구성이 높은 제품 : 고가 상품, 여행상품) · 과거 구매경험 적음 · 쇼핑을 즐김 · 호기심 · 다양한 상표와 상점에 호의적 태도
상황적 요인	· 특정상표의 구매에 대한 준거집단 (친구, 가족, 단체 등) · 구매의 긴급성 · 정보탐색의 물리적 제약 · 쉬운 반품 및 보증조건 · 저가격/저위험 · 효과적 판촉 활동	· 정보탐색에 대한 준거집단 (특히 배우자의 요구)의 압력 · 쇼핑의 용이 · 많은 정보원이 가능 · 구매 경험 후 경과시간이 긴 경우 · 제품의 내구성이 긴 경우 · 제품· 기술혁신이 있는 경우

정보를 탐색함에 있어 먼저 브랜드를 결정하고 후에 제품의 속성을 파악하거나 PBB(Processing by Brands) 탐색방법을 활용하거나(예, 휴대전화를 구매시 특정 브랜드를 선택한 후 부가기능 속성에 따라 모델 선택), 속성을 먼저 파악한 후에 브랜드를 결정하는 PBA(Processing by Attributes) 정보처리 방법을 활용한다.

Question 4

마케팅 관리자로서 소비자 행동을 정확히 이해하기 위하여 수행해야 하는 가장 기본적인 역량은 무엇인가요? 특히 제품과 서비스에 대한 시장 내 소비자 반응은 어떻게 알아볼 수 있을까요?

제2절 마케팅 조사

3.2.1 마케팅 조사의 이해

마케팅 관리자는 시장 내에서의 소비자행동을 이해하고 자사의 제품과 서비스에 대한 반응은 물론 문제가 발생할 경우, 해당 문제를 개선하려는 노력을 기울여야 한다. 우선 우리가 흔히 알고 있는 6하 원칙(누가, 언제, 어디서, 무엇을 어떻게, 왜)라는 기준으로 문제탐색이 필요하다. 다음 〈표 3-3〉은 마케팅 조사의 단계를 설명한 것이다. 문제를 탐색하여 발견하고 예비조사를 시행한 뒤 문제해결을 위한 가설을 설정하고, 가설의 진위를 판단할 수 있는 필요 자료를 수집하는 순서로 조사를 시작한다.

<표 3-3. 마케팅 조사의 단계>

구 분	주요 내용
문제발견	목표시장(target market)선정이 잘못된 것일 수도 있고, 마케팅 mix가 잘못된 것일 수도 있다. 또한 새로운 신제품이 없거나 가격이 너무 높아서 혹은 판매촉진이 부족하거나 유통조직이 불합리한 데 문제가 있을 수도 있다.
예비조사	문제의 원인을 파악할 수 있도록 현장 조사활동을 실시해야 한다. 직접 유통채널을 방문하고 영업담당자, 소비자와의 간략한 인터뷰를 통해 문제의 원인을 찾기 위한 근거와 단서를 탐색한다.
가설설정	문제점을 해결하기 위하여 가설을 세우기 위한 철저한 원인분석이 요구된다. 다양한 시장, 고객, 경쟁사에 관한 가설은 틀릴 수도 있고 맞을 수도 있다. 그러므로 진위를 증명하기 위한 가설의 설정이 필요하다.
자료수집	수립한 가설이 사실인지 아닌지를 확인하기 위하여 자료를 수집한다. 자료의 종류는 제1차 자료(primary data)와 제2차 자료(secondary data)로 구분되는데 제1차 자료는 주로 현장조사로 수집되는 자료를 의미하며, 관찰, 간략한 설문조사, 또는 실험 등이 있다. 제2차 자료는 이미 존재하는 자료, 즉 인구통계자료, 인터넷, 학회 및 협회자료 등을 활용한다.

Question 5

소비자 불만 또는 마케팅의 문제해결을 탐색하고 파악하기 위한 조사 방법은 어떤 것이 있나요? 어떠한 경우에 어떠한 조사방법을 활용하는 것이 적합할까요?

3.2.2 마케팅 조사의 유형과 방법

마케팅 조사는 기업이 마케팅과 관련하여 정보를 체계적으로 획득하고 객관적으로 분석, 보고하는 일련의 공식적인 과정으로 기업은 환경의 변화에 따라 생산지향성에서 판매지향성, 마케팅지향성, 사회적 마케팅지향성 쪽으로 점차 옮겨짐에 따라 마케팅관리자에 대한 기대와 책임이 확대되기에 이르렀고, 이에 따라 마케팅관리자의 의사결정은 중요한 의미를 가지게 되었다. 이에 시장과 소비자, 경쟁사의 객관적인 정보를 파악하기 자사 상품의 경쟁우위를 가져가기 위한 조사방법이 필요하다.

기업에서 실무적으로 활용되고 있는 조사기법은 다음과 같다. 우선 가장 흔하게 활용하는 방법이 FGI(Focus Group Interview) 또는 FGD(Focus Group Discussion)이라 불리는 방법이다. 표적집단면접법으로 불리며, 전문지식을 보유한 조사자가 소수의 타깃 응답자를 대상으로 특정한 주제를 자유롭게 토론하여 필요한 정보를 획득하는 방식이다.

패널조사(Panel Survey)는 TV시청률 조사에서처럼 동일한 응답자를 대상으로 의견의 변화를 지속적으로 추적 조사하는 통계조사방법으로서 누가 어떤 이유에서 태도를 바꾸는 지 확인할 수 있으며, 동일한 집단을 활용하므로 태도변화에 따른 추적이 가능하다.

Gang Survey는 신제품 및 시음 테스트 또는 디자인이나 패키지 테스트를 목적으로 진행한다는 점에 있어서 CLT(Central Location Test)와 유사하나, CLT는 보행자를 Intercept해 진행하므로 시간적 제약과 대표성이 결여될 수 있지만 Gang Survey는 시간적 제약이 없고 사전 대상자를 선발하며 엄격한 통제 하에 조사가 진행된다는 점에 있어서 차이가 있다.

이밖에 특정소비자집단을 대상으로 20여 가지 내의 질문지 문항으로 설문조사를 시행하기도 하며, 유통채널에서 제품 또는 서비스의 반응을 직접적으로 확인하기 위해 소비자를 가장하여 불시에 점검하는 미스테리 쇼핑(Mystery Shopping) 조사 방법을 활용하기도 한다.

Question 6

시장과 소비자, 경쟁사 등에 대한 조사를 통해 문제점을 파악한 후, 기업의 제품과 서비스 마케팅 전략 수립을 위해 해야 할 일은 무엇인가요?

제3절 STP전략과 4P 믹스

3.3.1 환경분석

시장과 소비자, 경쟁사의 현황과 시장을 둘러싼 정치, 경제, 사회, 문화, 기술, 인프라 등을 분석하는 일은 마케팅을 비롯한 모든 전략 수립에 있어 가장 기본적인 작업이다. 현재 상황을 제대로 정확하게 분석하지 않고는 현재의 문제점을 비롯한 미래의 그 어떠한 전략과 활동도 계획할 수 없다. 따라서 환경분석은 모든 전략의 가장 기본적이며 주된 방향을 제시한다는 측면에서 매우 중요하다. 이처럼 기업을 둘러싼 외부환경과 기업내부의 자원과 역량을 분석하기 위하여 분석기준과 도구를 활용하는데 가장 대표적인 것이 바로 SWOT분석과 PEST분석이다.

SWOT분석은 기업의 경영환경을 종합적으로 분석하기 위해 도구로써 기업의 전략을 수립하기 위한 상황분석의 일부로 기업의 내부역량인 강점과 약점, 기업의 외부 가능성인 기회와 위협 사이의 적합성을 평가하기 위해서 주로 이용된다. 가장 기초적이고 기본적인 분석도구로써 기업을 둘러싼 상황과 역량을 분석해볼 수 있으며 모든 기업과 기관에서 가장 흔히 사용한다. 〈표 3-4〉는 SWOT과 PEST분석의 주요 내용이다.

〈표 3-4〉 SWOT 및 PEST 분석의 주요내용

SWOT분석		PEST분석	
Strength	기업 내부 환경을 분석, 강점과 약점을 발견	Politics	정치, 제도, 법규 등 분석
Weakness		Economy	경제성장, 물가 등을 분석
Opportunity	기업 외부환경을 분석, 기회와 위협요인을 발견	Society	고용, 노동, 환경 등을 분석
Threat		Technology	통신, 정보, 인프라 등을 분석

Question 7

기업의 자원과 역량이 한정 되었는데, 제한적인 자원을 활용하여 효율적인 마케팅 전략을 수립하기 위해 수행해야 하는 것은 무엇인가요?

3.3.2 고객세분화, 목표 소비자 선정 및 포지셔닝

어떤 비즈니스든 간에, 기업에 높은 수익을 가져올 수 있는 시장, 커다란 미래 기회를 제공할 수 있는 시장, 기업이 경쟁우위를 갖고 비즈니스를 할 수 있는 시장을 찾아낼 수 있어야 한다. 여기서 말하는 시장이란 높은 수익과 충성도 높은 고객들의 집합을 말한다. 수익성 있는 고객을 찾아내어 이들에게 기업의 제한적 자원을 투자하는 것이 훨씬 더 효율적이다. 따라서 80%의 수익을 가져다주는 20%의 고객을 찾아내기 위한 방법으로 시장 내 고객 집단을 세분화(세그먼테이션, Segmentation)하고, 목표 소비자 집단(타겟팅, Targeting)을 선정한 후, 기업의 제품과 서비스를 그들의 머릿속에 연상(포지셔닝, Positioning)시켜 구매로 연결할 수 있도록 해야 한다.

세분화란 고객들로 구성된 시장을 서로 차별화된 특성의 집단으로 나누는 과정을 말한다. 자동차를 구입하려는 고객시장은 경제성 또는 안전성 또는 멋을 추구하는 서로 다른 세그먼트로 나누어질 수 있을 것이다. 멋을 추구하는 그룹을 타겟으로 하는 인터넷 비즈니스는 그들 멋을 추구하는 그룹이 어떤 멋을 원하는지, 어떤 다른 특징이 있는지를 파악하여 이에 맞게 웹서비스를 제공하여야 할 것이다. 이 '멋 추구 시장'을 대상으로 하는 인터넷 비즈니스가 웹사이트에서 상대적으로 가격을 너무 강조한다든지 안전성 등을 너무 강조한다면 문제가 있을 것이다. 다만 선정된 세분화 고객집단은 다른 집단에게 구매의향을 전파시킬 수 있는 강력한 전파력을 가져야 한다. 고객집단 자체의 구매력은 물론 가족, 지인, 특정 집단 내 제품과 서비스의 긍정적인 영향력을 전파시킬 수 있어야 한다.

목표고객이 선정되면 이들에 대한 인구 통계적 특성, 라이프 스타일, 구매패턴 등 고객 프로파일을 명확하게 파악해야 한다. 개인화된 맞춤서비스를 위해서는 정확하고 상세한 고객 프로파일링이 필수라고 할 수 있다. 목표고객에 대한 명확한 프로파일링 없이는 기업이 시행하는 마케팅의 효과는 절감되며 특히 인터넷 비즈니스의 주류가 되고 있는 현재의 시장 상황에서 일대일 마케팅이 불가능하다. 목표고객은 정량적인 숫자로 나타나며 그들의 평균 구매금액, 타 집단으로 전파력 등이 담보될 필요가 있다.

포지셔닝은 해당 목표고객에게 브랜드 또는 제품과 서비스의 핵심 아이디어나 혜택을 기억하고 상기하도록 만드는 작업이다. 가령 자동차 브랜드인 볼보는 안전성에 집중하며, 새턴은 색다름을 강조한다. 버거킹은 그릴에 구웠다는 이미지를 심어주고 AVIS 렌터카는 만년 2등임을 강조하여 항상 노력하는 이미지를 선사한다. 아마존이 다양하고 편리하며 유쾌한 서비스를 강조한다면, 유사업종의 신생기업은 오히려 배송의 신속성이나 다른 부가서비스를 강조할 수 있다. 피자헛이 높은 수준의 품질과 좋은 경험을 강조하였을 때, 그 당시 신생기업인 도미노가 신속배달이라는 새로운 차별화 포인트로 커다란 성공을 보인 것과 같은 맥락이다. 따라서 마케팅 관리자는 전체 시장규모를 측정하고 기업의 제한된 자원으로 효율적 운영이 가능하며 수익성이 높은 고객 군을 탐색하여 세분화한 뒤, 이들 목표고객집단의 구매특성을 파악, 그들이 선호할 수 있는 제품 또는 서비스 아이디어와 혜택을 포함한 포지셔닝 전략을 수립해야 한다.

Question 8

소비자가 기업의 제품과 서비스를 기억하고 경험하기 위해서는 무엇보다도 상품 또는 기업 브랜드가 중요한데 기업의 브랜드 전략은 어떻게 수립해야 하나요?

3.3.3 브랜드 전략

장기적인 맥락에서 어떻게 신생 기업에서 유명 기업으로 브랜드를 만들 수 있는지가 중요하다. 이름이 알려지지 않은 기업을 어떻게 고객들이 알아주고, 좋은 이미지를 가지며 다시 방문하고 또한 다른 사람들에까지 추천하고픈 마음이 들도록 어떻게 애호도를 높일 수 있을까? 브랜드란 고객들이 알아주고(브랜드 인지), 품질을 높게 평가하며(브랜드 품질인정), 좋은 이미지를 떠올리며(브랜드 연상), 더 나아가 그 브랜드를 아끼고 타인에까지 추천한다면(브랜드 애호도), 그 브랜드는 브랜드 자산(brand equity)이 있다고 한다. 이렇게 브랜드 자산이 있는 브랜드를 강력한 브랜드(strong brand)라고 부르며 모든 기업들은 기업 또는 기업이 생산한 제품 또는 서비스의 브랜드를 높이고자 노력한다. 강력한 브랜드를 구성하는 주요 요소는 다음과 같다.

〈그림 3-2. 브랜드의 주요 구성 요소〉

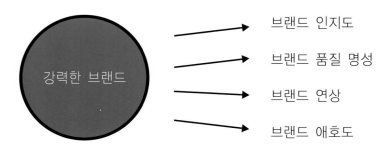

어떻게 신생브랜드, 또는 무명 브랜드를 강력한 브랜드로 만들고 그 명성을 유지할 수 있는가? 기업의 브랜드 체계 내에서 특정 브랜드의 역할과 경쟁력을 분석하고 수직 및 수평적인 구조를 검토하여 브랜드 포트폴리오(portfolio)를 구성하고 브랜드 아키텍처(architecture)를 정립하는 것이 중요하다. 브랜드 구조를 수립할 때는 〈그림 3-3〉의 단계를 고려할 필요가 있다.

〈그림 3-3. 브랜드 아키텍처〉

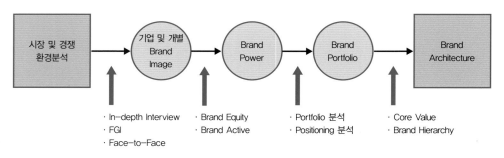

브랜드 수준별로 수직적 구조와 브랜드 간에는 수평적 구조를 중심으로 각 개별 브랜드 수준에서의 관계성과 차별성 부여하는 것이 중요하다.

Question 9

경쟁이 치열한 시장에서 기업의 제품 또는 서비스가 목표고객에게 효과적으로 정보가 전달되어 구매결정으로 이어지고, 목표고객을 만족시키기 위해서는 구체적으로 어떠한 전략과 실행이 필요한가요?

3.3.4. 마케팅 4Ps 믹스(Mix)

목표고객 시장이 확정되고 경쟁적 차별화를 주는 포지셔닝 전략이 완성되면, 이제 이에 따른 구체적인 마케팅 프로그램을 작성하여야 한다. 마케팅 프로그램의 구성요소를 마케팅 믹스(marketing mix)라 부르는데, 이것은 목표시장 안에서 목표를 달성하기 위해 마케팅 도구들의 집합을 말한다. 마케팅 믹스는 크게 4P라고 불리는 4가지로 구성되며 상품(product), 가격(price), 촉진(promotion), 그리고 채널 유통(place or distribution)이다. 최근에는 상품을 판매에 있어 온라인 유통은 배제시킬 수 없는 상황

〈그림 3-4. 마케팅 4Ps 믹스〉

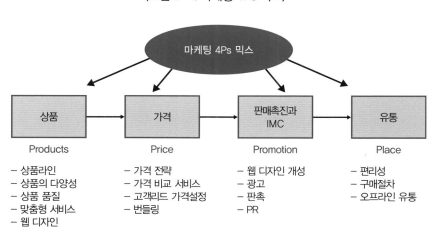

에 이르렀고 인터넷을 통해 소비자는 상품, 가격, 광고 및 촉진활동에 관한 정보를 가장 빠르게 접근하고 있다. 온라인 제품과 서비스의 경우는 유통이 인터넷으로 연결되어 바로 소비자의 PC 또는 모바일로 전달되지만, 물리적 상품 서비스의 경우, 매장 또는 점포 등의 물적 유통 경로를 통해 전달된다. 오프라인이던, 온라인이던 간에 소비자에게 전달되기까지 걸리는 시간, 전달상태 등은 고객만족에 영향을 미친다.

〈그림 3-4〉는 마케팅 전략에 있어 4가지 믹스에 대한 주요 내용이다. 예를 들어, 상품(product)은 기업이 제공하는 상품라인(품목, 단량)의 결정, 상품의 다양성, 품질, 맞춤형 서비스, 디자인, 부가 서비스 등이 포함된다. 가격(price)은 가격전략, 구매자 제시가격, 할인가격, 지불기간 등이 포함되며 심리학적 가격설정, 준거가격, 차별적인 가격방법 등을 포함한다. 준거 가격이라 함은 소비자집단이 해당 상품에 대한 심리적으로 설정한 가격대를 의미한다. 마케팅 관리자는 해당 상품을 소비자에게 인지시키기 위한 활동으로 광고와 판촉(Promotion)을 준비해야 한다. 특히 e비즈니스에 가장 활발히 일어나는 활동은 광고, 판촉, PR 등을 포함하는 마케팅 커뮤니케이션 활동이며, 이러한 활동들은 제한적인 자원의 효율적 관리측면에서 온라인과 오프라인을 통합한 IMC(Integrated Marketing Communication)관점에서 수행하기도 한다. 디지털 시대에 특히 중요한 것은 바로 소비자들 사이에서 전파되는 구전효과(Words of Mouth)로 소비자들의 입에서 입으로(인터넷에서는 댓글, 사용 후기) 전해진다. 이들 소비자의 소문을 활용하는 것은 강력한 브랜드의 구축에도 중요한 역할을 한다.

마지막으로, 기업의 상품을 소비자에게 제공하는 경로, 유통에 관한 계획은 중요한 핵심요소이다. 목표 소비자 집단이 쉽고 편리하게 기업이 제공하는 상품을 찾고 탐색할 수 있는 경로나 장소에 상품을 가져다 놓아야 한다. 기업의 종업원들이 소비자를 대면 접촉하여 제공하는 용역 서비스를 제외한 일반적인 제품 판매의 경우, 오프라인 매장이나 도매상, 소매상 등을 통해 제공되지만 최근에는 인터넷 쇼핑의 발달로 대부분의 상품들이 인터넷을 판매자와 소비자의 플랫폼 역할을 수행하고 유통의 가장 큰 영향 요인이다.

국내에서도 포털 사이트인 네이버를 비롯하여 SNS 마켓인 위메프나 티몬, 쿠팡과 같이 플랫폼 마켓 등의 성장세가 나날이 증가하는 추세다. 해외의 경우, 아마존은 시설 및 재고비용에도 불구하고 신속한 배달을 통한 경쟁력 확보를 위하여 대형 창고를 신축하고 있으며 중국의 인터넷 상거래 업체인 알리바바 역시 대형 물류 창고와 신속한 배송 체계를 지속적으로 증가시키고 있다.

Question 10

> STP를 비롯한 4P 믹스, 브랜드를 고려하여 종합적인 마케팅 전략을 수립할 때 기업의 마케팅 관리자는 어떠한 단계 또는 과정으로 전략을 준비하면 될까요?

3.3.5. 마케팅 전략 포트폴리오

대기업을 비롯한 중견, 중소기업 등 일반적인 기업이 마케팅 전략을 수립할 때 활용하는 포트폴리오는 〈그림 3-5〉와 같다. 마케팅 전략 포트폴리오는 창업 분야에서도 거의 동일한 방식과 내용으로 활용된다. 기존 마케팅 전략의 과정과 내용을 다룬 수많은 서적이 있으나 자원의 효율적인 이용과 적절하게 역량을 활용하기 위하여 〈그림 3-5〉의 과정과 내용으로 수행하여도 충분한 전략을 수립할 수 있다.

앞서 언급한 바와 같이 실무적으로 마케팅 전략은 마케팅 분석기법을 활용하여 내·외부 산업 환경, 시장 환경, 기업환경을 철저하고 정확하게 분석하는 것이 매우 중요하다. 환경에 대한 분석이 잘못 이루어지면 마케팅 목표와 시사점 도출이 제대로 수

〈그림 3-5. 마케팅 전략 수립 포트폴리오〉

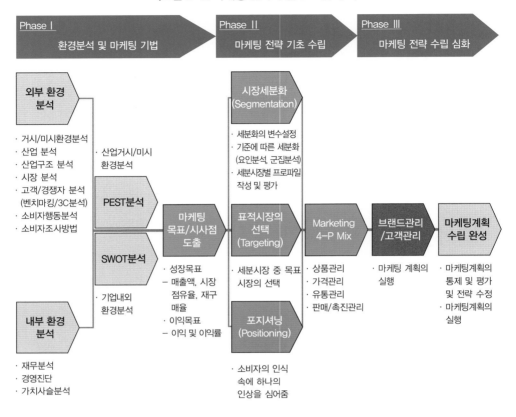

행될 수 없고 기업이 원하는 마케팅전략이 수립될 수 없다. 따라서 철저하고 깊이 있는 환경 분석은 전략을 수립하기 위한 토대이자 기둥과 같은 역할을 하므로 많은 시간을 들여 분석이 이루어져야 한다. 마케팅 전략이 수립되면 해당 전략에 따른 전략 방향과 기업의 경영철학, 비전을 교차 검증해보고 이를 통한 중장기전략의 기초를 만들어야 한다. 설정된 마케팅 전략을 통해 세부 추진전략과 추진과제를 수립하고 기업의 모든 부서가 협업하여 목표를 달성하는 체계를 구성해야 한다〈그림 3-6〉.

기술한 급변하는 환경 변화와 패러다임의 변화 속에서 생겨나는 기회와 위협에 민감하게 반응하여 산업의 미래를 미리 보고 준비하는 소위 미래형 마케팅이 필요하다.

68 핵심 실무 중심 **경영학의 이해**

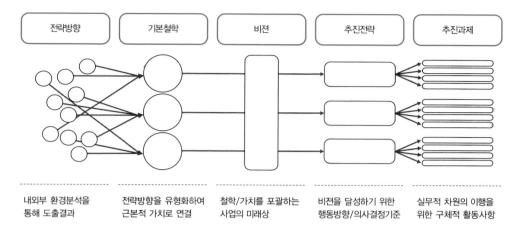

〈그림 3-6. 중장기 전략 수립 포트폴리오〉

| 전략방향 | 기본철학 | 비전 | 추진전략 | 추진과제 |

내외부 환경분석을 통해 도출결과 | 전략방향을 유형화하여 근본적 가치로 연결 | 철학/가치를 포괄하는 사업의 미래상 | 비전을 달성하기 위한 행동방향/의사결정기준 | 실무적 차원의 이행을 위한 구체적 활동사항

미래형 마케팅이 가지는 특징은 다음과 같다.

첫째, 미래형 마케팅은 기술발전 및 삶의 양식 변화로 생겨나는 수많은 새로운 시장 창출에 초점을 둔다. 둘째, 미래형 마케팅은 산업에 엄청난 파장을 몰고 오는 환경 변화 요소들을 미리 파악하면서 준비하는 마케팅이다. 셋째, 미래형마케팅은 고객에 이끌리는 것을 넘어 고객을 리드하는 마케팅을 구사한다. 무선통신, 컴퓨터통신 기술, 인공지능, 빅 데이터 등 첨단기술의 발전 추이와 산업에 일어나는 변화는 선도 기업만이 더 신속하게 파악할 수 있으므로 고객을 위해 고객에게 가치를 제공하는 방향으로 고객을 인도하는 마케팅을 구현해야 한다.

넷째, 미래형 마케팅은 기존 시장 내에서의 시장점유율보다 새로운 시장에서 얻게 되는 기회점유율과 고객점유율에 더욱 초점을 두는 마케팅을 전개해야 한다. 다섯째, 미래형 마케팅은 오프라인은 물론, 온라인을 함께 묶어 시공간 제약 없이 상품 및 서비스를 창출 제공하는 마케팅이다. 여섯째, 미래형 마케팅은 홀로 서기를 통해 경쟁력을 갖추는 것이 아니라, 협력관계를 통해서 통합적 시스템을 구축하여 네트워크로 경쟁력을 갖추어야 한다.

마지막으로, 가장 중요한 것은 기업과 그 기업의 제품과 서비스는 브랜드자산에 기반을 두어야 한다. 결국에는 소비자의 기억과 경험 속에 유일하게 자리 잡는 것은 바로 브랜드와 포지셔닝이기 때문이다.

QUIZ

소속 ....

성명 ....

❶ 소비자가 상품을 구매할 때 여러 가지 단계를 거쳐 고민하고 의사결정을 내린다. 소비자의 구매의사결정과정을 단계별로 설명하시오.

....

....

....

....

....

....

....

....

....

....

....

....

....

....

....

❷ 소비자가 제품 또는 서비스의 정보탐색에 있어 이에 영향을 미치는 영향요인은 크게 심리적요인과 상황적 요인으로 구분될 수 있는데, 이들 영향 요인의 주요 특징에 대하여 설명하시오.

❸ 기업에서 흔히 활용하는 마케팅 조사 방법에는 FGI, Gang Survey, CLT 등을 사용한다. 이들 각 조사 방법의 개념을 정의하고 어떠한 경우에 활용될 수 있는지 설명하시오.

❹ 시장과 고객을 둘러싼 환경을 분석하는 것은 마케팅 전략을 수립하고 실행하는 데 매우 중요한 첫 단계이다. 환경을 분석함에 있어 사용되는 분석방법인 SWOT, PEST 분석의 개념과 각각의 내용에 대하여 설명하시오.

❺ 마케팅 관리에서는 기업의 자원(시간, 돈, 인력)이 한정되어 있어 효율적인 자원을 활용하여 소비자에게 마케팅을 전개할 필요가 있다. 이때 효율적인 마케팅 관리를 위해서 활용하는 STP의 개념과 내용을 분석하시오.

6 마케팅 관리에 있어 가장 핵심적인 4P Mix에 대해서 설명하시오.

제4장
고객 관리

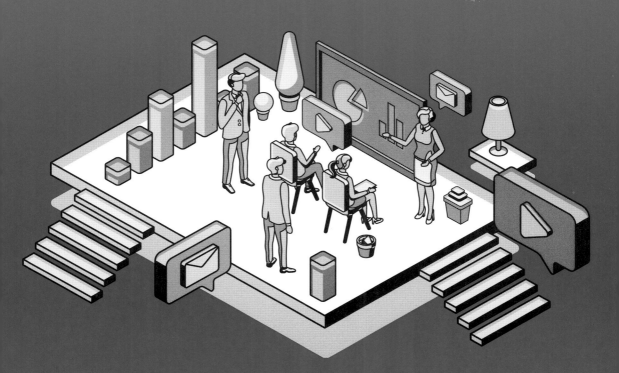

제 4 장

고객 관리

Question 1

제품 또는 서비스의 고객 만족과 감동을 통해 기업의 지속적 성장과 발전을 추구하는 것은 기업의 본원적인 목표입니다. 이러한 목표를 달성하려면 고객들을 기업 또는 상품에 충성하도록 유도해야 하는데 어떻게 고객관리를 하는 것이 좋을까요?

제1절 CRM의 이해

4.1.1 CRM 정의

제품 또는 서비스에 충성하는 고객을 만들기 위해서는 고객과의 관계관리가 매우 중요하다. 이러한 고객관계관리를 경영학에서는 CRM이라 부르며 Customer Relationship Management의 약자로 '고객 관계관리'라고 표현한다. 기업이 고객과 관련된 내·외부 자료를 분석·통합해 고객 중심 자원을 극대화하고 이를 토대로 고객 특성에 맞게 마케팅 활동을 계획·지원·평가하는 과정을 의미한다. 일반적으로 기업이 추구하는 마케팅과 큰 차이가 없다고 판단될 수 있지만, 마케팅이 잠재 고객, 신규 고객을 기업이 제공하는 새로운 상품 경험을 통해 구매하도록 유도하고 촉진하는 활동이라면 CRM은 기존 고객이 기업의 상품을 지속적으로 반복적으로 재구매하도록 촉진하는 활동과 더욱 밀접하다. 이와 같이 기존에 한두 번 구매했던 고객이 입소문을 통해, 자신의 경험적 방법을 통해 타인에게 긍정적인 반응을 전파하고 새로운 고객을 유인해온다면 기업은 자원을 절약하고 효율적인 판매활동에 더욱 매진해갈 수 있다. 그러기 위해서는 구매고객과의 우호적 관계를 맺고 지속적으로 유지시키는 것이 필요하다. 따라서 관계관리 강화를 통해 제품 또는 서비스에 관한 고객만족 또는 만족을 넘어선 감동을 통해 충성고객으로 만들기 위한 장기적인 프로그램 또는 캠페인을 기획, 실행하며 충성고객을 만들기 위해서는 제품 또는 서비스 품질은 가격대비 편익이 증가하는 동시에 고객과의 관계 관리에 부단한 노력을 하지 않으면 안 된다.

Question 2

CRM이 신규고객 모집보다는 충성고객의 확대를 목표로 둔 경영전략이라면 CRM은 어떻게 구성되며, 어떠한 형태로 고객에게 제공되어야 하나요?

4.1.2. CRM 목적과 구성

고객관계관리는 기업내부에 축적된 고객정보를 효과적으로 활용하여 고객과의 관계를 유지, 확대, 개선함으로써 고객의 만족(Satisfaction)과 충성도(Royalty)를 제고하고 기업 및 조직의 지속적인 운영, 확장 발전을 추구하는 고객관련 제반 프로세스 및 활동을 목적으로 한다. 즉 고객의 평생가치(lifetime value)를 극대화시킴으로써 기업의 장기적인 수익을 극대화시키기 위한 일련의 활동을 의미한다. 기업은 이익극대화(profit maximization)라는 목적과 함께 고객만족(customer satisfaction) 최대화를 위해 다양한 고객접점으로부터 얻어지는 고객에 관한 정보를 통합, 가공, 활용하는 과정을 포함한다. 즉 CRM은 다양한 채널을 통한 고객과의 커뮤니케이션으로부터 수집된 정보를 기반으로 고객과의 관계를 유지 발전하는 과정이며, 신규 고객 획득, 우수 고객 유치, 고객가치 증진, 잠재 고객 활성화 및 평생 고객 확보를 목표로 고객 분석을 통해 고객을 이해하고 이를 통해 고객과 지속적인 관계를 유지함으로써 고객 가치를 극대화하기 위한 일련의 과정을 포함한다.

CRM의 구성은 고객, 정보, 사내프로세스, 전략, 조직 등 경영 전반에 걸친 관리체제이므로 정보기술을 바탕으로 한 정보인프라로 구성되어 있다. 크게 구분하면, Front Office(Level), Back Office(Level), Customer Contact Office(Level)로 되어 있으며, Front Office는 CRM을 기획하고 계획하는 CRM전문부서, 마케팅, 영업 관련 부서이며, Back Office는 고객 Data Base, Server 등 기계적 시설과 운영 장비로 구성되고, 마지막으로 Customer Contact Office는 고객 콜센터 및 현장(방문)요원으로 구성된다. 고객접점(영업사원의 고객 접촉, A/S직원의 방문, 콜센터의 In-Bound call(고객으로 부터 걸려온 전화), Out-Bound call(고객에게 영업판매촉진을 위해 건 전화)등을 활용하여 고객의 최종 접점의 전략 하에 발생된 수많은 데이터를 고객의 니즈를 바탕으로 1:1로 차별화된 마케팅의 실시한다. CRM은 단발적인 마케팅으로부터 고객과의 지속적인 관계유지(평생고객)를 목적으로 하며 신규고객획득, 우수고객 유치, 고객가치 증진, 잠재고객 활성화, 평생 고객화를 추구한다. CRM은 전통적인 기업에서 추구하는 시장점유율보다는 고객 점유율에 비중을 두며 신규 고객획득보다는 기존 고객 유지에 중점을 둔다. 제품판매보다는 고객관계형성과 유지, 강화에 중점을 두는 특징을 나타낸다.

Question 3

고객관계관리인 CRM을 수행하기 위해서는 어떠한 과정과 전략적인 체계로 진행, 운영되어야 하나요?

4.1.3. CRM 수행과정과 전략체계

일반적으로 CRM 전략수립과 프로그램 수행을 위해서는 해당 기업의 현황 진단(As-Is) 및 업계 Best Practice를 근거로 업종별 특성에 적합한 고객관계관리 미래(To-Be) 수행모델을 개발하고, CRM 목표와 단계적인 CRM Roadmap을 제시하는 방식으로 이루어진다〈그림 4-1〉.

〈그림 4-1 CRM 수행과정 및 전략체계〉

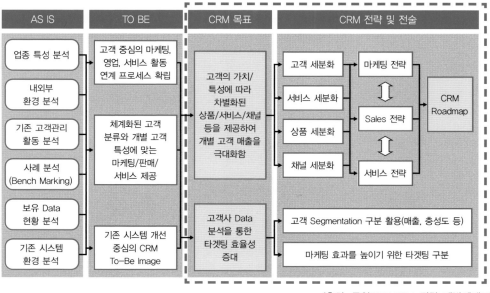

〈출처: 공영DBM CRM 전략 개발체계도〉

여기서 중요한 것은 기존고객관리의 활동, 기업이 보유한 고객Data 및 시스템 환경을 파악하는 것이며 미래 고객이 원하는 요구사항을 반영하고 이를 데이터로 변화시키는 체계를 시스템으로 구축하는 것이 중요하다. 또한 시스템은 CRM 프로그램과 연동되어 성과에 대한 평가를 진단할 수 있어야 한다.

Question 4

성공적인 고객관리를 위해서 고객에게 제품 또는 서비스에 대하여 긍정적인 경험을 지속적으로 제공하는 것이 중요할 것 같습니다. 어떠한 일을 수행해야 하나요?

제2절 고객 경험과 커뮤니케이션

4.2.1. 고객 경험

오늘날 많은 기업들은 수없이 쌓이는 고객정보를 체계적으로 활용하는 데 조직의 사활을 걸고 있다. 그러나 오늘날 CRM은 '실패했다'는 평가도 나오고 있다. 그것은 '고객이 기업과 어떤 방식으로 관계를 맺는가?' 하는 질문을 통해 얻은 수치상의 데이터가 궁극적으로 고객을 만족시키는 데 제 역할을 하지 못하고 있기 때문이다. 이렇듯 제 역할을 하지 못하고 있는 CRM에 소생의 숨결을 불어넣을 전략이 바로 '체험마케팅'이론이며 콜롬비아 비즈니스 스쿨의 번트 슈미트로부터 제안되었다.

CEM(Customer Experience Management)는 고객경험관리로서 CRM의 최초의 대안적 모델이라고 알려져 있다. CEM의 접근법은 '고객을 한층 더 만족시키기 위해 내부의 어떤 프로세스를 어떻게 고쳐나가야 하는가'하는 데 초점을 맞추고 있다. CRM은 고객들의 구매이력을 분석함으로써 정보를 얻는 반면, CEM은 고객이 자사 브랜드를 경험하는 심리적인 과정이나 상태를 분석함으로써 고객을 이해한다. 이에 기존 마케팅 믹스의 4P's(Product, Price, Place, Promotion)는 4C's(Customer's needs, Cost, Convenience, Communication)로 변경하여 활용한다. 특히 기업의 제품이나 서비스 자체, 커뮤니케이션, 인적자원을 고객경험에 대한 분석을 통해 드러난 결과에 따라 변화시켜 가야 한다 것이 핵심 전략이다.

고객은 '제품'이 구매, 소유하는 것이 아니라 '경험'을 구매한다는 것을 중심 철학으로 두고 고객은 브랜드가 가진 이미지, 광고에서 보았던 친근한 모델의 모습, 친절한 매장 직원, 편리한 주문시스템 같은 수많은 요소에 영향을 받아 '충동적으로 구매'한다. 예를 들어 고객은 '나이키'를 구매하는 것이 아니라, '쿨한 스타일'을 구매하며 중급 항공사인 '싱가포르항공'를 이용하는 것이 아닌 '어디서나 1등석 대우를 받는 기분 좋은 여행'을 이용한다는 것이다.

이처럼 향후 기업의 고객관리는 관계 맺기를 넘어서서 이성이 아닌 감성으로, 수치가 아니라 감동으로 접근해야 판매된다는 접근법이다. 수천만 명에 대한 고객데이터도 쓸모없는 데이터 쓰레기로 전락하는 이유도 감성적인 접근법을 활용하지 않기 때문이며 고객이 자사와 만나는 모든 접점에서 어떤 경험을 하며, 어떤 감정을 느끼는가를 아는 것이 바로 진정한 고객중심의 출발이라고 볼 수 있다.

예를 들어, 힐튼 호텔은 CEM에서는 고객이 호텔과 만나는 수천 가지의 접점을 재분석하고, 전화나 인터넷 예약, 여행사를 통한 예약, 브랜드 커뮤니케이션, 영업과 고객관리 커뮤니케이션, 도착과 객실에 대한 첫인상을 포함한 체크인 과정, 모닝콜과 메시지 전달, 객실 내에서의 접객, 멤버십 고객 선정과 등록 과정에서의 커뮤니케이션, 고객 지원, 룸서비스, 호텔 프런트, 비즈니스 서비스 센터 등 수많은 요소들을 도출하였다.

　이러한 분석 결과에 근거하여 여러 주요 접점을 고객의 선호와 요구 사항, 중요도에 근거해 단계별로 재설계한 뒤, 과거 CRM에서 활용되어오던 고객 데이터베이스 중심의 시스템을 변경하였다. 객실 디자인이나 욕실 설계, 가구배치부터 브랜드를 알리는 광고와 기업광고의 메시지도 조사결과에 따라 통합적으로 디자인한다. CEM을 통해 힐튼 호텔은 고객만족도를 75%, 첫 고객 재이용률을 10%, 힐튼 계열 호텔 간의 교차 투숙률을 5% 높이는 데 성공하였다. 힐튼 호텔을 만나는 고객, 특히 VIP 고객들은 힐튼이 자신이 원하는 바에 대해서 아주 잘 알고 있으며, 돈을 내는 지갑이 아니라 정성스럽게 모셔야 할 고객으로 여기고 있다는 것을 피부로 느끼게 된 것이다.

Question 5

　고객을 상대로 끊임없이 관계를 강화하고 만족과 감동을 제공하기 위해서는 고객과 어떠한 내용으로, 어떠한 방법으로 커뮤니케이션 것이 좋을까요?

4.2.2. 고객 커뮤니케이션

　고객과의 커뮤니케이션을 활성화시키고 강화시키기 위해서는 신규고객관리가 무엇보다도 중요하다. 신규고객과의 관계 맺기는 기존고객 및 우량고객의 특성을 분석하여 이와 유사한 특징을 가진 잠재고객을 대상으로 관계 맺기를 시도하거나 전략적 제휴 및 기존 고객의 구전 효과 등을 통해 형성될 수 있다.

　다음의 〈표 4-1〉은 고객관계 맺기를 위한 커뮤니케이션 전략으로 활용될 수 있으며 전략을 실행하기 이전에 기업이 보유한 고객 생애가치별 고객 분류가 요구된다.

<表 4-1. 고객관계 커뮤니케이션 전략>

구 분	주요 내용
우량고객의 특성 발굴	- 잠재고객 발굴의 첫 번째 요건은 기존고객에 대한 분석 - 기존고객과 비슷한 성향을 지닌 고객은 잠재성이 높은 고객 - 하우스-홀딩(House-holding)분석 : 기존고객의 가족 혹은 단체 구성원 중 향후 잠재성이 높은 고객 발굴
찾아온 (Inbound) 고객 견인	- 직접 방문, 전화 문의, 사이트 방문, 카페 및 블로그 방문 고객들을 통해 관계를 먼저 시도한 고객은 기업 고객이 될 잠재성이 높음 - 잠재고객의 관심을 실제 구매로 연결시키기 위해 메일, 전화 등을 통해 추가적 제품정보, 견본품이나 쿠폰 등 특별 구매 제안, 카탈로그 등 고객과의 접점 관리가 필요함
구전을 통한 고객 견인	- 기존 고객을 매개체로 구전효과를 창출하고 신규고객의 소개를 유도하는 전략 마련 필요 : 회원모집이나 친구소개에 따른 혜택 제공 - 기존 고객은 잠재고객에 대해 다른 유통경로에 비해 친밀한 접근과 설득이 가능하며 사회경제적 계층이나 라이프 스타일이 비슷한 집단 속에서 추천이 이루어지므로 우량 고객이 될 가능성이 높음

고객의 생애가치(Customer lifetime value, CLV)는 기업이 전개하는 사업관계를 통해 소비자가 기업에 기여하는 총 가치를 말한다. 기업들은 다양한 캠페인의 성과를 측정 및 평가하는데 CLV를 기본 지표로 사용한다. CLV는 크게 두 가지로 나누어 산출하기도 하는데, 예측 CLV(Predictive CLV)는 고객이 기업과 관계를 지속하는 동안 고객으로부터 얼마나 많은 매출을 창출할 수 있을 것인가를 예측한 수치이고, 이력 CLV(Historic CLV)는 고객의 지난 구매 이력 정보를 바탕으로 고객으로부터 얻은 모든 수익을 합한 수치입니다. 이 수치는 특정 기간 동안의 기존 고객 데이터에 기반을 둔다.

Question 6

> 고객과의 관계관리 및 강화를 통해 흔히 말하는 단골고객이 만들어지면 이러한 충성고객을 유지하고 더욱 발전시키는 영업차원의 고도화가 이루어져야 하는데, 어떻게 수행되고 추진되고 있나요?

제3절 영업 자동화 시스템

4.3.1. 고객 영업 관리

일반적으로 기업의 영업 관리는 업종별로 조금씩 차이가 있지만 대표적인 업무는 필요역량 파악, 실적관리, 목표 설정을 주요업무로 추진하면서 판매추이에 따라 고객 관계를 강화시키고 매장 간 상품이동 등 재고를 적게 남기고 판매가 많이 되도록 관리하는 업무를 뜻한다. 따라서 영업 관리에서 주로 하는 업무는 ①실적관리, ②영업계획수립, ③영업활동지원을 주요 직무로 한다.

① 실적관리: 자기가 맡은 상권 또는 거래처의 실적을 관리하며, 해당 데이터는 마케팅 및 관련부서 회의 등 각종 계획 및 전략에 쓰인다.
② 영업계획: 데이터를 기반으로 목표 매출 설정, 신규시장 개척 등 영업계획을 수립한다.
③ 활동지원: 점주와의 원활한 소통으로 애로사항과 시장상황을 파악하고 영업 활동이 원활하게 이루어지게 한다.

기업 경영에 있어 영업은 현장 중심으로 이루어지는 활동으로 인식되어 왔는데 정보기술의 발달에 따라 고객을 상대하는 영업도 고도화단계로 접어들고 있다. 영업은 영업 관리자가 상대하는 고객 대상에 따라 차이가 발생한다. 이는 크게 구분하여 B2C 영업, B2B 영업으로 구분될 수 있다. B2C(Business to Customer), B2B(Business to Business)을 의미하며 Customer는 일반 소비자를 뜻하고 B2B의 Business는 기업 및 기관 등 기업고객을 뜻한다. 우선 우리가 흔히 마주치는 편의점의 사례를 들어보기로 하자. 편의점 영업은 B2C보다는 B2B영업으로서 편의점 점주가 고객이 된다. 이때 영업 관리자는 Store Account라고 하여 SC라고 불리는데 이들의 업무는 직영점 및 가맹점을 관리하는 업무로 시기별 계획단위(년, 분기, 월, 주, 일)로 관리한다. 계절에 따른 이슈나 특수일(예, 명절, 발렌타인데이, 화이트데이, 성탄절 등)계획수립 및 지원 상품을 발주, 진열, 판매관리하며 365일 매출을 관리하고 전일, 전주, 전월, 전년과 비교하여 증감에 대한 이유를 파악한 후, 점주 또는 상사와 소통하여 문제점을 해결한다. 이외 점포 내 각종 사고 등에 대비, 대응하며 매출실적을 올릴 수 있는 방안을 마련한다.

B2C 영업의 경우, 보험 대리인을 생각하면 이해가 빠르다. 최근에는 인터넷 또는 콜센터 담당자를 중심으로 보험 영업을 전개하고 있지만 여전히 직접 고객을 영업 현장에서 만나고 보험 상품을 소개하여 판매하고 있다. 이처럼 최종소비자와의 직간접적인 대면 접촉을 통해 관계를 형성하고 고객의 불편사항을 해결하는 매개체로서의 상품을 소개하고 판매하는 활동을 B2C영업이라 이해하면 된다. 이처럼 B2C, B2B 영업은 고객의 경험과 체험이 중요해지는 시점에서 영업 관리고도화를 추구하는데 IT 기술을 영업활동에 접목시키게 된다. 대표적인 것이 영업자동화시스템(SFA: Sales Force Automation)인데 이는 기존 영업프로세스를 재평가하여 보다 높은 수준의 영업활동을 위해 최신의 IT기술을 적용하여 영업능력을 효율화하는 시스템을 의미한다.

〈그림 4-2. 영업자동화 시스템 사례〉

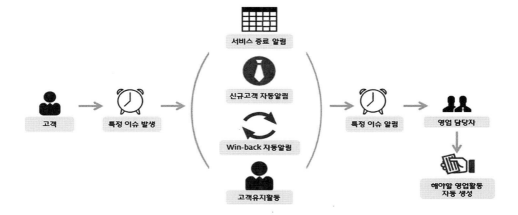

Question 7

고객관리는 주로 현장에서 수행하는 영업과 밀접한 관련성이 있을 것 같습니다.
일반적으로 의미하는 영업 수행 직무와 역량은 무엇인가요?

4.3.2. 영업 관리 직무

일반적으로 영업관리 직무를 수행하기 위해서는 다음과 같은 역량이 요구된다.

① 비즈니스적 마인드 : 영업관리를 위해서는 손익개념이 있어야 한다. 어떠한 제품의
매출을 분석하여 손해를 줄이고 이익을 늘릴지 판단해야 하며, 기본적으로 PEST,
SWOT분석 능력을 갖추어야 한다.

② 컴퓨터활용능력 : 엑셀과 파워포인트, 문서작성 능력이 요구된다. 엑셀을 활용하여
판매추이와 손익을 분석할 수 있어야 하기 때문에 실무적인 엑셀 능력이 필요하다.
또한 주간회의 및 주별 담당지역 보고와 회의를 진행하기 위한 프리젠테이션 능력도
필요하다.

③ 통계적 능력: 데이터를 근거한 주장이 가장 기본적이므로 숫자를 활용하고 다룰 수
있는 능력이 요구되며 도출된 통계분석데이터를 바탕으로 해석하고 결론을 도출해
야 한다. 판매현황을 분석하며 계획대로 진행되는지 여부를 파악하여 향후 문제를
보완 평가해야 한다.

구직자들의 자기소개서를 살펴보면 커뮤니케이션 능력, 분석력을 주로 강조하지만,
실제 자소서 면접을 준비할때는 관련업무(실적관리, 통계, 영업) 등을 어필하는 경우가 많
다. 특히 구체적인 수치를 들어서 본인이 시스템 내에서 목표한 기한 안에서 달성한
성과를 강조하고 실제 영업사원들이 사용하는 단어를 숙지하는 것이 좋다.

QUIZ

소속 ....

성명 ....

❶ 기업의 효율적인 자원 관리와 마케팅 관리에는 반드시 재구매, 재방문 고객에 관한 관리가 매우 중요하다. 고객관리를 위해서는 고객과의 관계관리가 가장 기본적인데 고객관계관리를 의미하는 CRM의 개념과 주요 특징을 설명하시오.

❷ 고객 관계 관리인 CRM 전략을 수행하기 위한 과정과 체계에 대해서 이해하고 CRM에서 고객 정보관리가 왜 중요한지 설명하시오.

❸ 고객에게 차별화된 경험 또는 체험을 통한 고객관리가 거의 모든 기업에서 가장 활발하게 활용하는 방법이다. 우리 주변에서 기업이 활용하는 경험 또는 체험 마케팅의 사례를 한 가지 적어보고 왜 해당사례가 효과적인 분석하시오.

❹ 고객관계 맺기를 위한 커뮤니케이션 전략으로 활용될 수 있는 전략의 실행방안에 대해서 설명하고, 기업이 전개하는 사업관계를 통해 소비자가 기업에 기여하는 총 가치인 고객의 생애가치에 대한 개념을 설명하시오.

❺ 고객관리의 접점에서 이루어지는 영업활동에 관하여 영업 관리를 위한 기본적인 3가지 직무와 그 기능에 대해서 설명하시오.

❻ 영업 관리 직무를 수행함에 있어 필요한 역량 3가지를 설명하고 어떻게 필요 역량을 쌓을 수 있을지 토론해봅시다.

제5장
판매 영업 관리

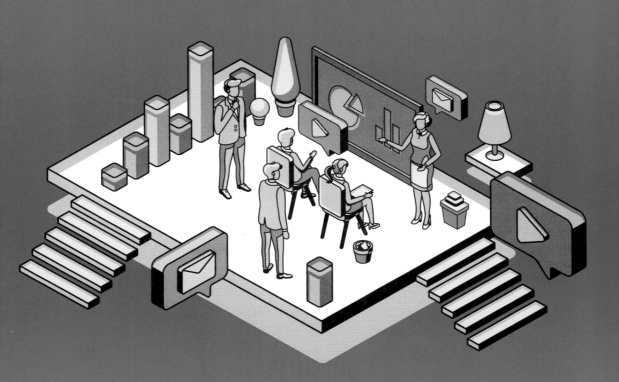

제5장

판매 영업 관리

Question 1

일반적으로 판매가 잘되려면 상권이 좋아야 한다고 하는데, 상권이 무엇인가요?

제1절 상권분석

5.1.1 상권 특성

'상권'이라 함은 목표 소비자를 유인하거나 그들이 분포된 물리적인 지역적 범위를 의미하며 여러 업종의 점포들이 상가 등을 형성하여 밀집된 지역으로서 상업상의 세력이 미치는 상업 공간의 최상위 개념이다. 상권과는 달리 '입지'는 물리적으로 판매 활동을 운영할 수 있는 범위로서 얼마나 좋은 환경과 위치적 조건을 갖느냐에 따른 상권 내 개별속성을 뜻한다. 상권분석을 위해서는 상권의 특성과 입지분류를 통한 이해가 필요하다.

<표 5-1 상권의 특성과 입지의 분류>

상권의 특성		입지의 분류	
번화가	대부분 교통 편의시설이 집중 역세상권과 복합적인 모습 유명브랜드, 충동구매 유발	상권범위	1급지: 가시성, 접근성, 인지성 2급지: 세가지 중 일부 양호 3급지 – 세가지 모두 불량
대학가	학생들이 주 소비고객층 저가 및 양적인 상품비중 방학 기간 중 매출감소	이용목적	적응형: 유동인구 중심 목적형: 목적을 가지고 방문 생활형: 인근주거인구 방문
역세권	교통 중심의 상권 간편하고 빠른 소비		
복합형	오피스, 역세권, 번화가 등 복합된 상권, 안정된 배후인구, 유흥상권의 높은 소비율		
아파트	단지별로 소비특성과 차이 주력 평형대 소비자의 경제력	구매습관	편의품: 일상생활 사용상품 선매품: 비교구매 상품 전문품: 브랜드구매 상품
오피스	특정한 시간대에 소비 집중. 주 소비층은 30~40대 남성 직장인 과 20대 여성 직장인		

Question 2

좋은 상권과 입지를 선택하는 문제는 판매에 많은 영향을 줄 것 같은데, 상권은 어떻게 파악할 수 있나요?

5.1.2 상권 조사

상권의 특성을 이해하고 입지에 대한 분류를 통한 물리적, 지역적, 환경적 이해를 완료하였다면, 상권에 대한 본격적인 조사와 분석이 이루어져야 한다. 일반적인 상권 조사는 ① 정성적인 조사 → ② 정량적인 조사 → ③ 현장조사와 분석 순으로 이루어진다.

① 정성적인 조사는 주로 아래 대상을 통해서 인터뷰 및 관련 자료를 수집한다.
- 상권분석 전문가(부동산 중개업자, 지역상권 연합회 등)
- 체크리스트 활용(자체 기업의 점검표)
- 문헌적 기초 자료수집(사회문화구조, 유통구조 등)
- 해당 상권 소비자와 주변 사업자 심층 인터뷰

② 정량적인 조사는 통계청 및 지자체에서 제공하는 상권분석시스템 활용(인구 통계자료 등)하거나 설문조사 기관을 통한 조사자료, 또는 통계분석 검색키워드 등을 통한 주변 상권에 대한 분석(금융권과 통신사가 제공)자료를 검토한다.

③ 현장조사는 우선 상권의 형태 및 규모를 파악하고, 유동인구의 흐름, 주변 경쟁 점포 분석, 상권의 향후 전망(부동산의 흐름) 및 상권 내 점포의 가격 조사와 이들 자료에 대한 검증을 시행한다.

상권은 주변입지와 환경적 요인을 고려하여 유동인구의 가시성을 고려해야 한다. 눈에 잘 띄어야 한다는 것이다. 주변의 인지하기 쉬운 랜드마크 장소 또는 건물이 있어야 하며 이는 목표고객에게 쉽게 인지될 수 있다. 교통편의를 담보할 수 있는 접근성과 주변 점포의 업종전환 또는 폐업 현황 등을 함께 조사하여 기업이 해당업종을 수행할 수 있는지의 여부를 판단한다.

Question 3

상권을 조사한 후에 상권은 어떠한 절차와 단계로 분석하는 것이 좋을까요?

5.1.3 상권 분석

상권을 조사한 데이터와 기초자료를 중심으로 다음과 같은 절차로 분석에 임한다. 보통 상권조사는 자료의 수집과 데이터 정확성 등에 따라 평균 1개월 이상이 소요되며 가장 좋은 것은 계절별 변화를 확인하기 위해 여유로운 시간 범위를 가지고 분석하는 것이 좋다. 왜냐하면 계절에 따른 소비 변화가 달라질 수 있기 때문에 이를 충분히 고려하여 분석 기간을 설정하는 것이 바람직하다.

〈그림 5-1. 상권 분석 절차〉

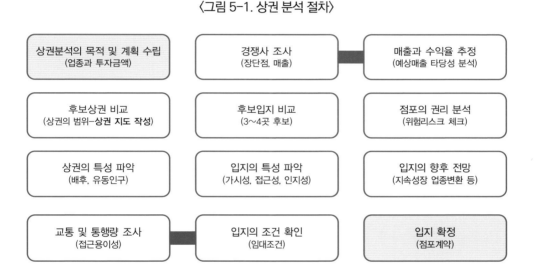

Question 4

기업의 매출은 곧 판매를 통해서 이루어지기 때문에 매출을 올리는 것이 기업의 성장과 발전에 기여합니다. 판매가 잘 되도록 하기 위해서 어떠한 촉진활동을 전개해야 하나요?

제2절 판매 촉진

5.2.1 판매 촉진의 개념

판매촉진이란 기업의 제품과 서비스의 단기적인 매출증대를 유도하기 위해 소비자에게 추가적으로 인센티브를 제공하는 마케팅 및 영업활동을 의미한다. 기업의 마케팅은 비교적 중장기적인 효과를 추구하지만 판매촉진은 실질적인 매출을 단기간에 증가시킬 수 있다는 점에서 기업의 중요한 매출견인수단으로 활용된다. 최근 판매촉진에 비중을 두는 이유는 시장 내 경쟁이 치열해짐에 따라 1) 지속적 광고를 통한 주위환기의 어려움 2) 제품 표준화에 따른 가격민감도의 증가 3) 판매 촉진을 통한 성과측정이 비교적 용이 4) 유통업자의 교섭력 증대에 의한 제조업체들의 인센티브 제시 현상 등을 원인으로 볼 수 있다.

기업의 판매촉진은 최종소비자를 대상으로 하여 소비자가 중간 유통업자에게 제품을 요청하도록 유도하는 끌기(pull)전략과 유통업자를 대상으로 높은 마진을 보장하여 제품을 소비자에게 권유하도록 하는 밀기(push)전략이 있다. 끌기전략에는 소비자를 대상으로 샘플링, 쿠폰, 사은품, 콘테스트와 추첨, 보너스 팩, 가격할인, 일부금액의 환불 등이 있으며, 밀기전략의 형태인 중간상 판매촉진(Trade Promotions)에는 중간상할인(제조업자가 중간상에게 제공하는 구매할인/판매촉진지원금/제품진열보조금), 협동광고(비용분담), (판매자)교육/훈련 프로그램 등이 있다.

하지만, 판매촉진 직후에는 판매가 감소하는 현상도 나타나는데, 구매가속화 현상에 의해 해당제품에 대한 구매가 미리 이루어졌기 때문에 당분간 수요가 줄어들게 되는 것이다. 또한 판매촉진의 대부분이 가격할인에 기초한 것이므로 브랜드자산에 부정적인 영향을 미치며 소비자가격 민감도를 높이는 결과를 초래할 수 있다. 그

러므로 마케팅 관리자는 판매촉진의 빈도와 가격할인의 수준을 적절하게 조절해야
한다.

Question 5

판매를 증가시키기 위해 과도한 할인으로 기업의 수익성이 나빠지고 브랜드가치를
쌓기 어려워질 수 있기에 이러한 경우 소비자들에게 촉진활동을 홍보하는 방법은 무
엇일까요?

5.2.2 마케팅 달력

판매촉진의 시기와 기간에 관련한 구체적인 연구는 거의 이루어지지 않고 있는 편
이고, 다른 연구를 하다가 시기와 기간에 관하여 언급하고 있는 연구가 대부분이다.
블랫버그(1981)은 제조업체가 생산주기와 소매상 판촉의 시기를 맞추어 실시하면 소
매상과 소비자가 사재기를 하게 함으로써 자연스럽게 재고를 소매상과 소비자에 이
전할 수 있다고 제안하였다. 주랜드와 나라심한(1985)이라는 학자들은 소비자들이 판
매촉진을 예측한다면 그들의 소비 패턴을 판촉패턴과 맞출 것이기 때문에 판매촉진
의 시기를 임의로 실시하여야 된다고 제안한 정도이다. 그러나 판매촉진에 관하여 국
내 소비자 뿐 아니라 중국과 미국 소비자들도 판매촉진의 시기를 기억하고 있다. 따
라서 기업들은 판매촉진활동을 기획하고 실행할 때 소비자들이 기억하고 있는 시기,
예상하는 바에 따라 판매촉진을 시행하되 시장 내에서 모든 경쟁업체들이 동시에 수
행하기 때문에 기간을 한정하거나 수량을 한정한 파격적인 판매촉진활동을 전개할
필요가 있다. 판매촉진을 한정하거나 수량한정을 할 경우 사전에 기업에서 이에 따른

매출과 수익을 충분히 판단하고 예상할 수 있기 때문에 소비자의 반응에 따른 대응책도 함께 마련할 수 있다. 소비자가 상기하는 판매촉진의 시기와 주요 이벤트는 〈그림 5-2〉와 같다.

〈그림 5-2. 마케팅 판촉 Calendar〉

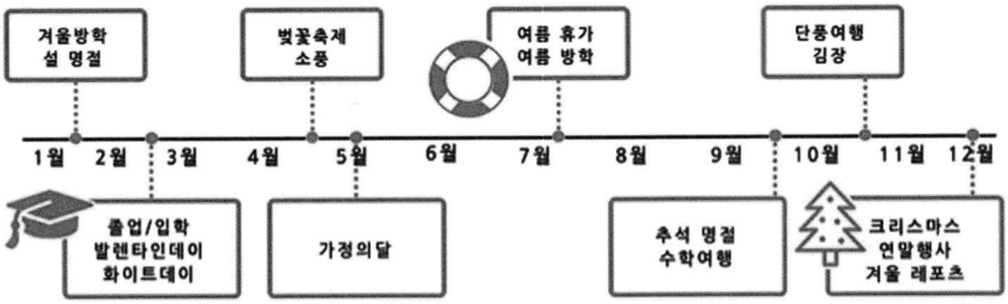

Question 6

판매와 영업단계에서 일반 소비자에 호응을 얻고 거래처인 도·소매상들에게 제공할 수 있는 판매촉진 수단은 무엇이 있을까요?

5.2.3 판매 촉진 방법

영업 관리자가 직접적으로 최종 소비자를 대상으로 판매촉진활동을 벌이는 경우는 드물다. 대부분의 경우 마케팅관리자와 영업관리자가 협의해서 기획, 실행하기 때문이다. 따라서 여기서는 중간상과 도매업자, 소매업자를 대상으로 하는 B2B 판매촉진을 다루고자 한다. 영업 관리자 입장에서는 기업의 상품을 중간에 유통하는 업체들이 더욱 많이 취급하도록 독려하기 위하여 판매촉진을 시행하는 경우가 대부분이다. 최근에는 유통매장이 대형화하는 추세여서 유통업자들의 힘이 과거보다는 보다 강화되었기 때문에 이들을 대상으로 하는 판매촉진도 중요하게 다루어져야만 한다. 이 경우도 소비자와 소매업자를 대상으로 하는 판매촉진 수단의 설명과 마찬가지로 가격수단과 비가격 수단으로 구분해 볼 수 있다.

1) 가격수단

중간상 공제(trade allowance)란 유통업자가 자신의 상품을 취급하거나, 대량으로 구매하는 경우 또는 자신의 상품을 유통업자가 광고를 하여주는 경우에 전체 구매대금의 일부를 공제하여 주거나 별도의 현금을 주는 것이다. 입점공제, 구매공제, 광고공제, 매장 진열공제가 대표적인 수단이다.

① 입점 공제

입점 공제(slotting allowance)란 소매업자가 신상품을 구입하여 주는 대가로 중간상 또는 소매업자에게 일정액의 현금을 지불하는 방식이다.

② 구매공제

구매공제(buying allowance)란 유통업자가 일정 기간 구매하여 주는 상품에 대하여 구매가격의 일정액을 현금으로 주거나 상품을 무료로 제공하는 방식으로서 상품의 경우, 중간상이 상품을 취급하고 이를 판매하여 이익을 취한다.

③ 광고공제

광고공제(advertising allowance)란 유통업자가 특정 기업의 상품을 유통업자의 광고에 게재하여 주는 경우 그 대가로 유통업자에게 구매대금의 일정액을 다시 돌려주는 방식이다. 이와 관련하여 상품을 제공하는 기업과 유통업자가 공동으로 비용을 부담하여 하는 광고를 협동광고(cooperative advertising)라고 한다.

④ 매장 진열공제

매장 진열공제(display allowance)란 유통업자가 점포 내에 특정 상품을 최종 소비자들의 눈에 잘 보이도록 일정기간동안 진열하여 주는 경우 그 대가로 구매대금의 일정액을 돌려주는 것이다.

2) 비가격 수단

가격 수단과는 달리 비가격 수단의 경우, 유통업자가 지불해야 하는 비용을 대신 또는 변제해줌으로써 유통업자의 지불 비용을 낮춰주는 방식이다. 대표적으로 유통업자가 고용한 판매원의 훈련 또는 판매 촉진을 위한 보조 자료를 제공하는 것이 일반적이다. 영업 관리자는 도소매 점포를 순회하거나 판매원들에 대한 교육을 시키고, 더 나아가 직접 자기기업의 판매사원을 매장에 내보내는 경우도 있다.

① 판촉품의 제공

판촉품의 제공이란 특정 기업이 자기 기업의 기업명이나 자신이 생산한 상품명이 부착된 달력, 볼펜, 다이어리, 시계 등을 유통업자에게 무료로 제공하는 형태이다.

② 반품 및 JIT 재고

기업이 유통업자의 가질 수 있는 재고의 부담을 덜어줄 수 있는 판매촉진 수단이다. 또 다른 방식은 재고가 발생하지 않게 하는 즉, 주문하는 즉시 상품을 배달하여 주는 JIT 재고(just-in-time inventory)가 있다.

Question 7

판매 영업 관리의 기본적인 업무는 무엇이며, 영업 관리자는 도소매업체를 만나 대면 적으로 본사의 방침을 전달하는 영업 이외에 무엇을 해야 하나요?

제3절 영업 관리

5.3.1 영업 관리 개념

영업관리는 판매계획 및 납품지시에 의해 수주, 출하, 검수, 매출, 수금 및 정산까지

〈그림 5-3 . 영업 관리 개념도〉

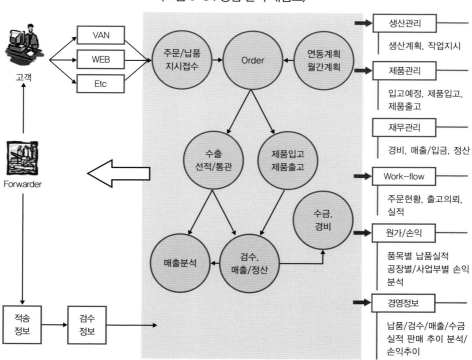

의 흐름을 연속적으로 일관되게 관리하며 생산/구매 등의 시스템과의 연결구현으로 업무처리속도 개선, 매출 이익율 향상을 기대할 수 있다. 또한 관련업체와의 자료교환으로 제품납품일정에 대한 단축 및 생산의 진행상태, 재고정보, 예상납기 등을 제시 할 수 있어서 고객의 만족도를 증가시킬 수 있다.

Question 8

일반적으로 기업에서 수행하는 영업관리 업무는 무엇이고 어떠한 과정으로 이루어지나요?

5.3.2 영업 관리 업무

영업 관리는 기업의 자사의 제품 또는 서비스를 거래처 또는 최종소비자에게 제공하고 그 대가가 적시에 이루어질 수 있는 전체 과정을 관리한다.

영업 관리자가 수행해야 하는 업무는 크게 당해 연도 판매계획, 견적관리, 수주관리, 매출관리, 수금관리, 실적관리가 대표적이다.

1) 판매 관리

판매계획은 중장기 계획, 연간 및 연동(월)로 수립한다. 기업에 따라 앞으로 3년 정도의 중장기 계획을 수립하나 대개는 당해 연도의 판매 계획을 수립한다. 사업장/조직/형태별 매출 증가추세 및 사업계획을 중심으로 월별 판매 추이를 분석하고 거래처/공장별, 제품별로 판매량을 예측한다. 특히 각 거래처/분류별/제품별 증감을 예측하여 연간 판매계획을 조정한다.

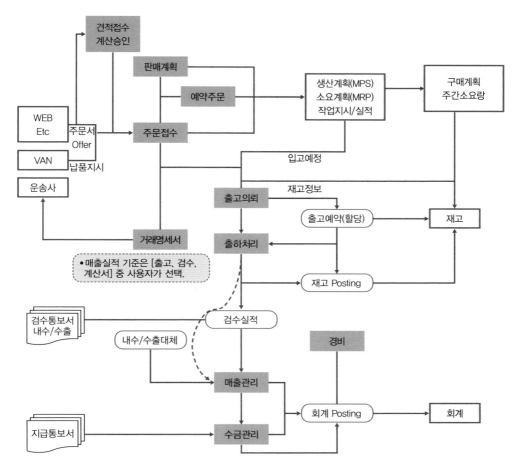

〈그림 5-4. 영업 관리 업무 프로세스〉

2) 견적 관리

거래처별 견적을 접수하고 승인하면 원가를 계산하여 경영층의 승인을 받는다. 견적접수 및 계산, 제출자료 작성 시 유사견적(기간, 거래처, 품목, 분류 등)에 대한 타사대비 동일 또는 유사품목에 대한 비교를 통한 분석을 수행한다. 견적원가 계산 시 유사품목을 조사하여 품목별 사전원가를 파악할 수 있어야 한다. 특히 견적원가 상세내역에 대한 재료비, 가공비를 품목별로도 조정하며 공정별 조정가능 여부를 확인해야 한다.

3) 수주 관리

다양한 거래처(주문처, 납품처, 수금처, 매출처, 고객사)와 다양한 수주형태(국내수주(대리점, 직접 납품업체), 국내 및 해외수출 등을 별도로 관리한다. 수주 자료 작성 시 거래처의 여신율에 관한 정보를 사전에 파악하여 여신율 정보에 따른 출하 및 생산 통제 관리를 할 수 있어야 한다. 거래처의 여신율이 좋지 않은 경우 거래처로부터 담보를 설정해야 하며, 여신율은 제품을 납품받아 대금을 지급하는 신용도를 의미한다. 특히 영업 관리자는 거래처에 상품을 소개하는 제안서를 작성할 수 있어야 하기 때문에 문서작성역량이 필요하다.

4) 매출 관리

거래처별 판매와 재고현황을 파악하고 월말 결산전까지 판매실적을 관리한다. 거래처별로 세금계산서 건별, 일괄 작성하며 거래조건에 의한 세금계산서 발행에 대한 검수를 수행한다. 정상매출, 기타매출, 반품매출별 관리사항을 조정하며 자금(재무)부서에게 제때 입금될 수 있도록 수금계획에 따라 거래처를 독려한다.

5) 실적 관리

거래처별 매출실적을 평가, 분석하고 영업담당자 또는 팀별/월, 분기, 반기, 년별로 평가자료 산출한다. 여신율, 회전율, 성장율을 기본적으로 분석하고 평가항목에 대한 분석과 대안을 도출한다.

QUIZ

소속 ....

성명 ....

❶ 기업의 목적은 매출증대와 이윤을 추구하는 것이다. 이에 판매는 절대적이고 직접적으로 기업의 목적달성에 영향을 미치는데, 판매에 많은 영향을 주는 상권과 입지는 오프라인 판매를 중심으로 하는 기업에 있어 매우 중요하다. 상권과 입지의 차이점을 비교 분석하시오.

❷ 기업의 점포 또는 매장의 위치와 영향관계를 나타내는 '상권'을 선정함에 있어 조사의 단계를 설명하고 해당 단계가 왜 중요한지를 분석하시오.

❸ 판매촉진이란 기업의 제품과 서비스의 단기적인 매출증대를 유도하기 위해 소비자에게 추가적으로 인센티브를 제공하는 마케팅 및 영업활동을 의미하는데, 판매촉진을 하는 기업의 목적을 토론해봅시다.

❹ 효과적이고 효율적인 판매촉진을 위해서는 기업이 시즌과 계절, 특별한 날에 맞추어 판매촉진을 극대화하는 방법을 활용해왔다. 이를 마케팅 달력이라고 하는데, 연간 마케팅 달력의 주요 이벤트를 설명하시오.

❺ 판매촉진관리에서 가격수단은 가장 직접적인 소비자의 가치를 높여주는 방법이다. 가격수단의 유형과 주요 특징을 설명하시오.

❻ 영업 관리자가 일반적으로 수행해야 하는 직무를 열거하고 해당 직무의 내용을 적으시오.

제6장
경영정보시스템

제 6 장

경영정보시스템

Question 1

기업 경영에서 '정보'의 중요성이 나날이 커지고 있습니다. 정확한 정보를 통해 신속하고 올바른 의사결정이 가능할 텐데 경영 정보시스템은 개념과 범위는 무엇인가요?

제1절 경영정보시스템 개념

6.1.1. 경영정보시스템이란

MIS(Management Information System)이란 기업 경영에 관한 정보를 제공해주는 컴퓨터 시스템을 말하는데, 때로는 이러한 시스템을 운영하는 사람들을 지칭하기도 한다. 전통적으로 대기업에서 말하는 "MIS" 또는 "MIS 부서"란 본사(또는 본사에서 조정된)의 전문적인 컴퓨터 기술 및 관리 시스템을 말하는데, 종종 메인프레임 컴퓨터뿐 아니라 기업의 컴퓨터 자원을 이용할 수 있는 전사적인 네트웍까지 확장된 개념을 포함한다. 시스템의 어원은 희랍어의 SY와 STEM에서 찾을 수 있다. SY는 with or together라는 의미를 STEM은 to place라는 의미를 가지고 있다. 즉, 함께 둠으로써 어떤 상호관계가 성립되어 하나의 단위가 되는 것을 말한다. 다시 말해, 경영정보란 기업에 있어서 경영정책을 수립하거나 의사결정을 하는 데 이용되는 어떤 사실이나 자료를 의미하며, 반드시 경영행위 또는 경영활동을 조건으로 한다. 경영정보를 경영의사결정과 경영정책수립 또는 경영전략에 활용하기 위해 경영정보관리가 필요한데 그 이유는 다음과 같다.

- 경영의사결정에서 미래의 불확실성을 가능한 한 감소시켜야 함
- 기업이라는 조직의 거대화와 복잡화에 따른 문제를 해결해야 함
- 시장경제체제하에서 소비시장에 있어서 정보의 경쟁력 확보해야 함
- 신속하고 정확한 경영전략이나 경영계획의 수립하기 위함

오늘날의 기업경영은 정보 전쟁이라고 할 수 있다. 기업을 둘러싼 다양하고 복잡한 환경을 스스로 해결하기 위하여 기업 내·외부의 효율적인 정보관리를 위해 경영정보시스템이 등장하였다.

Question 2

기업의 경영정보시스템은 기업이 속한 산업과 업종, 생산하는 품목에 따라서도 차이가 있을 것 같습니다. 하지만 경영정보시스템의 공통적인 부분은 무엇인가요?

6.1.2. 경영정보시스템의 세분화

경영정보 시스템의 개념을 세분화하면 다음과 같다. 첫째, 사용자-기계시스템(man-machine system)이다. 경영정보시스템은 컴퓨터 등의 정보기술만을 의미하는 것이 아니라 인적자원도 포함하는 개념으로 특정과업은 인간에 의해서 다른 과업은 컴퓨터에 의해 수행되며, 특히 이들을 결합하여 운용하는데 그 특징이 있다. 둘째, 정보이용에 관한 성과적 측면에서 뿐만 아니라 자원의 낭비를 방지하기 위한 종합적인 정보시스템계획을 중심으로 한 종합시스템의 성격을 갖는다. 셋째, 경영정보시스템이 종합시스템으로서의 역할을 수행하기 위해서는 자료의 종합관리 및 처리를 가능케 하는 데이터베이스가 요구된다. 넷째, 경영정보시스템은 데이터베이스의 자료를 기초로 하여 경영의사결정모형을 이용, 의사결정업무를 수행하며 경영자에게 대안을 제시한다. 다섯째, 경영정보시스템은 포괄적 의미에서 조직의 기능과 경영과정을 광범위하게 지원하는 것으로서 자료처리시스템을 포함한다. 경영정보시스템 주요 개념을 살펴보면 다음과 같다. MIS의 주요 개념 중에서도 DataBase, Digital Products, E-Commerce 등은 반드시 알아두어야 한다.

1) 데이터베이스(Database)

여러 사람이 공유하여 사용할 목적으로 정보를 체계화하여 통합, 관리하는 데이터의 집합이다. 작성된 목록으로써 여러 응용 시스템들의 통합된 정보들을 저장하여 운영할 수 있는 공용 데이터들의 묶음으로서 이러한 데이터를 체계화하고 적절히 관여하여 조직의 구성원이 필요로 하는 정보를 적시에 공급할 수 있도록 하는 시스템 일체를 총칭한다.

2) 디지털 상품(Digital Products)

디지털 상거래의 교역량은 인터넷 시장 규모의 증가와 함께 지속적으로 증가할 전망이다. 한 조사기관에 의하면 디지털 상거래는 전자상거래의 장점을 최대한 이용할 수 있기 때문에 그 교역 및 사용량이 계속적으로 증가할 것이며 현재 전 세계 교역량 중 20%(US$ 740 billion)정도를 차지하고 있다. 디지털 상거래란 전자 상거래의 일부분으로 디지털 컨텐츠를 상품으로 매매하는 전자상거래라고 정의할 수 있다. 이와 달리 물리적인 운송수단을 활용해 고객에게 전달되는 상품들, 예를 들면, 컴퓨터 부품, 책, 꽃 등은 물리적인 실체를 가지고 있어서 네트워크를 통해 직접 전달되기 힘든 상품들이다. 이러한 상품을 우리는 물리적인 디지털 상품이라 부른다.

3) E-Commerce

인터넷이나 이메일을 통해 문서를 교환하고, 데이터를 수집하고, 기업을 홍보하는 것은 과거의 일이다. 이제는 인터넷을 통해 거래계약을 맺고, 부품을 구매하고, 일대일 마케팅을 벌이며 인터넷으로 고객을 관리한다. 나아가서 인터넷으로는 일부제품의 배달까지 가능하다. 단순한 의사소통 수단에서 출발했던 인터넷이 이제는 새로운 사업 기회이면서 동시에 경쟁력 제고의 수단으로 부상했다. 이렇게 인터넷에서 이루어지는 기업 활동 혹은 사업을 "전자상거래(Electronic Commerce)"라고 부른다.

4) 네트워크(Network)

기업 내의 복수의 컴퓨터를 유선·무선의 통신 매체로 연결하여 데이터를 주고받을 수 있게 한 통신망을 의미하며, 인트라넷(Intranet)은 조직의 구성원만이 접근이 가능한 사설망이다. 인터넷 프로토콜을 쓰는 폐쇄적 근거리 통신망으로 간주되며 인터넷을 조직 내 네트워크로 활용하는 것을 말한다.

5) 플랫폼(Platform)

응용 소프트웨어를 실행하기 위해 쓰이는 하드웨어와 소프트웨어의 결합으로서 소프트웨어가 구동 가능한 하드웨어 아키텍처나 소프트웨어 프레임워크(응용 프로그램 프레임워크를 포함하는)의 종류를 설명한다. 컴퓨터의 아키텍처, 운영 체제(OS), 프로그램 언어, 그리고 관련 런타임 라이브러리 또는 GUI를 포함한다.

참고	경영정보시스템의 학술적 정의

- Davis & Olson -경영정보 시스템은 조직내에서 운영, 관리, 분석, 의사결정을 지원하기 위해서 정보를 제공하는 통합된 사용자-기계시스템이다. 이 시스템은 컴퓨터 H/W, S/W, 절차, 분석 계획 통제 의사결정을 위한 모델, 데이터베이스를 활용한다.
- Kennevean -기업의 내부관리 및 외부환경에 관한 과거, 현재, 미래의 정보를 제공하는 조직화된 체계이며 위사결정과정을 지원하기 위하여 적시에 일정한 형태로 정보를 제공함으로써 계획, 통제 및 업무활동 기능을 보조하는 것이다.
- J.P.Gallagher -경영관리의 온갖 계층에 영향을 주는 경영 내외의 모든 활동을 그들 계층에 끊임없이 완전하게 알리는 일이다.
- N.C.Cherchill -업무의 효과적인 관리를 위해 자료의 수집, 축적, 검색, 전달, 이용을 가져오는 인간과 컴퓨터 베이스의 통합(man-machine system)이라고 정의하고 있다.
- A.M.Mcdormogh -경영계획의 집행, 통제를 위한 경영의사결정을 가능하게 하는 자료의 기록 및 수정을 행하는 하나의 커뮤니케이션의 과정으로 자료를 추적, 처리, 저축하며 모든 조직내의 관계자들에게 전달하는 역할이라고 정의하고 있다.
- R. Ein-Dor & E. Segev -한 사람 또는 그 이상의 경영자들이 그들의 업무의 수행에 있어서 필요하고 사용되어지는 정보를 수집, 분류, 검색, 처리하는 시스템으로 정의하고 있다.

Question 3

기업의 경영정보시스템은 일반적으로 어떠한 구조를 가지고 있으며 구성요인은 무엇입니까?

6.1.3. 경영정보시스템 Framework

경영정보시스템은 경영진의 의사결정을 구조적으로 지원하는 의사결정지원 정보시스템인 '구조적 의사결정지원 시스템 (SDS : Structured Decision Systems)' 과 비구조적으로 의사결정을 지원하는 정보시스템인 '의사결정지원 시스템(DSS : Decision

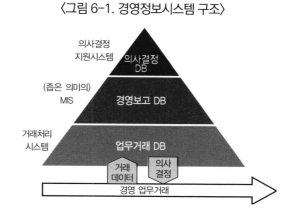

〈그림 6-1. 경영정보시스템 구조〉

Support Systems)'으로 크게 구분된다. SDS 분야는 주로 주기적인 자료처리를 행하는 시스템으로 경영정보시스템에서 다루어온 분야이다.

경영정보시스템은 일반적으로 가장 하위부분에 거래처, 소비자 및 각 기관들과의 업무 거래내역을 저장하는 시스템과 관련 데이터베이스가 존재하고 해당 정보를 기업의 목표와 사업조건, 국제 회계기준 등 법규상 지정된 조건들을 반영하여 설정한 경영보고 데이터베이스가 존재한다. 최상위부분에는 경영진의 의사결정을 지원하는 시스템으로 이루어져 있다.

Question 4

기업내부에서 주로 활용하는 경영정보시스템은 무엇이며, 어떠한 기능과 역할을 수행하나요?

6.1.4 경영정보시스템 유형

1) 거래자료 처리 시스템(TPS)

조직체의 운영상 기본적으로 발생하는 거래 자료를 신속 정확하게 처리하는 정보 시스템이다. 판매, 구매, 급여, 재고 등의 업무는 많은 거래 자료를 빈번하게 발생시키므로 이를 효율적으로 처리하기 위함이다. 거래자료 처리시스템에 속하는 한 예를 들어 설명하면 대부분의 조직에서 발견할 수 있는 회계업무 중의 하나인 급여처리업무가 존재한다. 근무기록 및 급여정보 등을 토대로 급여총액을 구하고 조세공과금 등을 공제한 실 급여액을 계산, 처리하고 관련된 정보를 해당 부서 및 여러 기관(은행, 국세청, 의료보험조합 등)에 통지하거나 보고하는 업무를 담당한다. 급여처리에 필요한 입력내용은 주로 구성원 관련 정보와 근무기록파일로부터 얻어지고, 이 처리결과는 회계정보시스템으로 전달되는 동시에 해당 실 급여액 정보를 거래은행으로 넘겨 등록된 은행계좌 입금시키게 된다. 소득세 부과를 위해 급여 관련정보는 국세청에 제공하기도 한

〈그림 6-2 . 거래 자료 처리시스템의 사례 : 급여처리시스템〉

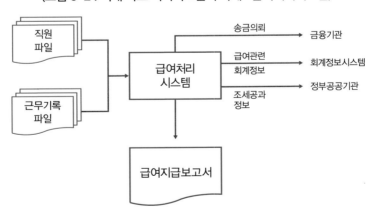

급여처리시스템의 기능을 간략하게 보여주는 것으로 직원파일과 근무기록파일로부터 급여 처리에
필요한 입력내용을 얻고, 처리결과는 회계정보시스템으로 전달되어 관련 정보를 해당 부서 및 여러
기관에 통지하거나 보고한다.

다. 대부분의 경우 급여소득에 대하여 원천징수하여 기업의 회계담당자가 국세청에 보낸다.

2) 지식관리시스템(KMS)

지식관리시스템(KMS)은 기업의 다양한 운영활동에서 발생하는 다양한 종류의 지식정보들을 컴퓨터 네트워크 및 데이터베이스 기술을 활용하여 체계적으로 관리 및 서비스를 제공하는 시스템이다. 기업의 지식정보는 그 기업이 생산하는 모든 제품들에 대한 관리 및 생산 노하우를 포함하며, 지식활용을 통한 생산성 및 품질 향상을 통한 미래 지향적인 기업운영 체계 구축을 가능하게 한다. 기업은 조직 내의 가능성을 정확히 인지하고, 경쟁사 및 시장 전체에 대한 정보를 충분히 지니고 있기 때문에 시장의 변화에 발 빠른 대응이 가능하다.

3) 정보보고시스템(IRS)

거래 처리의 자동화가 업무개선에는 많은 도움을 주었으나 정보를 종합하고 요약하여 중간관리자의 의사결정에 도움이 되는 정보를 제공하지는 못한다. 정보보고시스템은 하위관리자의 업무를 통제하고 최고경영자의 의사결정에 도움을 주는 중간경영층의 경영관리 업무를 지원하는 시스템이다. 정보보고 시스템은 좁은 의미의 경영정보시스템라고도 한다. 기업의 현재 성과지표 KPI(Key Performance Index)나 자료 데이터베이스에 대한 정보를 온라인(EDI, OLAP)으로 접근할 수 있도록 해주는 시스템이다. 정보보고시스템을 통해 중간경영층이 구성원관련, 성과관련, 재무관련 등 다양한 정보를 열람할 수 있다. 의사결정 지원 시스템(Decision Support System : DSS) 과 중첩되는 부문도 많이 있다. CRM(Customer Relationship Management)이나 SCM도 이 부문에 많이 중첩된다고 할 수 있다.

4) 의사결정지원시스템(DSS)

사무작업을 보다 일관성 있고 효율적으로 수행하며, 경영관리에 필요한 보고서를 자동으로 만들어내기 위해 대형의 데이터처리시스템을 구축하였다. 하지만 제대로 된 의사결정을 지원하기 어려워 1970년대에 의사결정을 수행하거나 지원할 수 있는 정보시스템에 대한 연구가 활발하게 진행되었다. 스캇모턴이라는 학자는 1970년대 초에 의사결정지원에 대한 개념으로 'Management Decision System'이라는 용어를 처음 사용하였으며, 1978년에는 킨(P. Keen)과 스캇 모턴의 저서에서 'Decision Support System'이라는 용어가 쓰기 시작하였다. 의사결정지원시스템은 기업경영에서 당면하는 여러 가지 의사결정 문제를 해결하기 위해 복수의 대안을 개발하고 비교·평가하며, 최적의 대안을 선택하는 의사결정과정을 지원하는 정보시스템이다. 초기의 의사결정지원시스템은 주로 비구조적(unstructured) 혹은 반구조적(semi-structured)

〈그림 6-3. 의사결정지원시스템의 사례〉

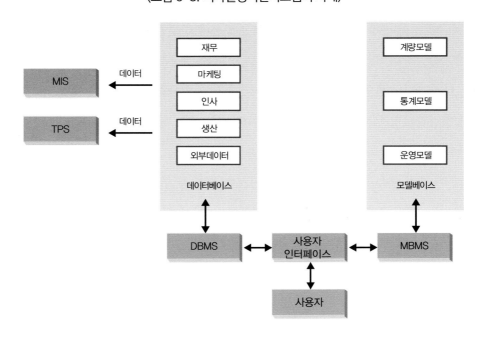

문제를 해결하기 위해 의사결정자가 데이터와 모델을 활용할 수 있게 해 주는 대화식 (interactive) 컴퓨터시스템으로 정의되었는데 이러한 정의는 너무 제한적이어서 최근에는 확대되어 정의되고 있다. 의사결정시스템은 전통적인 데이터처리와 경영과학의 계량적 분석기법을 통합하여 의사결정자가 보다 손쉽고 정확하게, 그리고 신속하고 다양하게 문제를 해결할 수 있는 정보시스템 환경을 제공한다.

5) 통합자원관리시스템

재무관리, 회계관리, 생산관리, 판매, 재고관리, 인사관리 등 전사적인 데이터를 일원화시켜 관리할 수 있고 또한 경영자원을 계획적이고 효율적으로 운용하여 생산성을 극대화하는 새로운 정보시스템이다. 그리하여 ERP(전사적자원관리)는 모든 업무에 덧붙여 고객회사 또는 하청회사 등 상하위 공급체계에 대한 최적 의사결정을 내려주는 통합된 시스템이다. 즉, 정보시스템을 통해 회사의 경영에 필요한 조기경보체제를 구축할 수 있게 된 것이다. 기업 전반적으로 통합된 데이타베이스를 이용할 수 있어 필요 시점에 회사경영에 필요한 데이타를 실시간에 찾아 그래픽화 하거나 상세데이타를 조회하는 일들이 매우 용이하여, 각 부서의 자료를 별도로 취합하여 현황을 파악하는 지금까지의 업무처리와는 달리 사용자가 필요한 시점에 의사결정을 할 수 있도록 한다. 업무의 표준화, 자료의 표준화에 의한 시스템 통합으로, 전사차원에서 통합된 데이터베이스를 구축하여 정보의 일관성 유지 및 관리의 중복을 배제할 수 있다. 기업혁신으로 리엔지니어링의 지원이 가능하다.

ERP설치 과정에서 기업 프로세스를 재설계 할 수 있을 뿐 아니라, 리엔지니어링을 추진하는 동안 기업환경의 변화로 인하여 도출된 프로세스에 적절히 운용될 수 있도록 유연성을 갖추고 있어 리엔지니어링과 병행하여도 Open System 지향으로, 특정 하드웨어 및 소프트웨어 업체에 의존하지 않고, 다양한 하드웨어 업체의 컴퓨터와 소프트웨어를 조합하여 사용할 수 있어 정보시스템을 쉽게 확장 사용할 수 있다. 그밖에 공급관리시스템이 존재하는데 원자재 구입부터 최종소비자까지의 물류와 배송 흐름을 관리하는 시스템이 있다.

Question 5

최근 4차 산업혁명 시대를 맞이하여 '빅데이터'에 관한 용어가 자주 등장하고, 기업들 역시 '빅데이터'에 관한 관심이 높아지고 있습니다. '빅데이터'는 무엇을 의미하나요?

제2절 빅데이터의 이해

6.2.1 빅 데이터의 개념

빅데이터란 기존 데이터베이스로 처리할 수 있는 역량을 넘어서는 초대용량의 정형, 비정형 데이터를 생성, 수집, 저장, 관리 및 분석하여 지능화 서비스의 기반을 지원하는 기술을 의미한다. 빅데이터는 통상적으로 사용되는 데이터수집·관리 및 처리 SW의 수용 한계를 넘어서는 방대한 크기의 데이터로, 데이터의 양(Volume)·데이터 입출력력의 속도(Velocity)·데이터 종류의 다양성(Variety)으로 정의될 수 있는 정보자산(Doug Laney, 3D Data Management, Gartner, 2001)이라고 정의되기도 한다. 빅데이터는 데이터 수집·저장·처리 등 빅데이터 플랫폼 기술과 이와 연계한 분석 예측 기술을 활용하여 새로운 통찰력과 비스니스 가치를 창출하는 분석 활용기술을 포함하고 있다.

이와 관련하여 빅데이터의 세계시장은 2023년까지 꾸준한 성장세가 예상되며, EMC, IBM, ORACLE, SAP, Google 등 글로벌 메이저 SI 및 솔루션업체들이 핵심기술 개발에 주력하여 빅데이터 시장을 선점하고 영국, 미국 등 주요국은 오픈 플랫폼을 활용하여 공공데이터의 산업적 활용을 촉진하고 있으며 민간 데이터 중개기업이 활성화되고 있는 추세다. 국내의 경우, 기업의 빅데이터에 대한 인식 호전과 중견·대기업의 투자가 꾸준히 증가하고 정부의 강력한 빅데이터 산업 육성의지에 따라 성장세를 보이고 있으며, 결과적으로 시장이 확대되고 있다. 정부·공공시장은 빅데이터 산업 활성화 법안 등을 기반으로 40% 이상의 성장을 주도하고 있으며, 민간시장은 금융, 통신 등 일부 대기업에 한정된 수요를 보이고 있다. 국내 일반기업의 빅데이터 시스템 도입률은 2016년 5.8%를 보였으며, 특히 중견·대기업(종업원 수 1천명, 매출액 1천억 이상)은 2016년 12.3%를 보이고 있다.

Question 6

'빅데이터'는 경영정보시스템의 또 다른 유형인가요? 빅데이터를 처리하거나 분석 활용하는 기술은 무엇인가요?

6.2.2. 빅데이터 분류

빅데이터는 기존 데이터의 가공과 응용이 아닌 데이터의 수집 자체가 고품질이 되어야 한다. 수많은 데이터가 있지만 사용할 수 있는 데이터가 극히 일부라면 그 데이터는 산업적으로나 상품으로 가공, 응용되기에 부족하다. 따라서 빅데이터가 실질적인 산업과 시장에 도움이 되기 위해서는 데이터의 수집 방법과 데이터 자체의 고품질이 전제가 되어야 한다. 최근 데이터 3법이 법제화됨에 따라 기존 실명 중심의 데이터가 개인정보보호법과 상충되는 부분에서 가명 또는 익명의 정보활용을 통한 산업과 시장의 가공과 응용이 허용되었다. 물론 우려가 있는 것도 사실이지만 이에 따른 후속 입법이 마련됨으로써 빅데이터의 산업적 활용가치가 더욱 커질 전망이다. 이에 빅데이터를 산업적으로 활용하기 위해서는 어느 부분에서 빅데이터를 활용하고 사용할 수 있는지 분류 체계를 이해할 필요가 있다. 다음은 빅데이터를 분류한 체계이다 〈표 6-1〉.

〈표 6-1. 빅데이터 기술의 분류 체계〉

분류		주요 내용
빅데이터	처리/유통	빅데이터 수집,유통기술	빅데이터 수집/정제/융합/가공, 데이터품질관리, 데이터생성, 증강, 비식별화 및 필터링, 데이터마켓, 마스터데이터관리
		빅데이터 저장처리관리 기술	실시간 스트림처리, 데이터처리 및 관리, 데이터라이프사이클, 가상 데이터맵 관리 데이터 처리 프레임워크
	분석/활용	빅데이터 분석예측기술	심층분석, 실시간분석, 그래프분석, 예측분석, 인지분석, 시공간복합분석, 분석모델링, 데이터기계학습/딥러닝, 이상치 검출
		빅데이터 활용시각화기술	빅데이터 서비스, 빅데이터 응용, 사회변화예측 데이터시각화, 분석시각화, 대쉬보드

Question 7

향후 경영정보시스템 또는 기업 경영에서의 빅데이터의 방향은 무엇인가요?

6.2.3. 향후 빅데이터 발전방향

빅데이터는 2010년대 이후 인공지능 기술 발전을 촉진시키면서 그 중요성이 확대되었으며, 인공지능, IoT, 클라우드와 더불어 지속적으로 발전할 것으로 전망되고 있다.

〈그림 6-4. 빅데이터와 다른 기술의 연결〉

빅 데이터는 지금까지 양적인 측면이 강조되어 플랫폼과 분석 기술이 발전되었으나, 데이터 개방·유통·공유할 수 있는 플랫폼의 발전과 인공지능 분석 방법론을 적용한 데이터 분석 지능의 다양화로 발전할 것으로 예측된다. 점차 초연결 기술의 발전과 함께 실시간성과 초연결 지능화를 달성하는 방향이 가속화되고 되고 있으며 다양한 데이터 통합으로 이종의 빅데이터를 단일시스템으로 처리하는 것은 한계가 있어 이종 데이터를 통합하여 고속 처리할 수 있는 플랫폼 확대 전망된다. 다양한 데이터를 통합 분석할 수 있는 복합지능으로의 진화를 위하여 다양한 데이터를 통합관리 할 수 있는 기술로서 특히 데이터 처리 가속화로 인한 사회 현안 해결 등 데이터 처리 가속화 기술 중요성 확대가 예상된다. 기업 경영에서도 소비자의 단순한 제품 구매 데이터 뿐 아니라 충동구매, 사회현상에 따른 구매패턴의 변화 등이 데이터로 저장, 축적되어 유의미한 시간 안에 의사결정에 도움이 될 수 있도록 지원할 것이다. 가령 사건/사고 발생, 인구의 변화, 환경오염의 심각도 등에 따라 제품 판매에 어떠한 영향을 미치는지 해답을 제공할 것이다.

Question 8

기업에서 정보시스템 관리와 생산성 향상을 위해 클라우드 컴퓨팅 도입을 많이 하는데 클라우드가 무엇이고 어떠한 유형이 존재하나요?

제3절 클라우드와 정보보호

6.3.1 클라우드(Cloud)의 개념

기업의 정보와 기술자원으로 통신망을 통해 정보를 가상공간에서 저장하고 사용하는 방식에서 서비스 이용량에 비례하여 비용을 지불하는 새로운 ICT인프라로 개인·기업·국가의 업무 생산성을 향상시키는 기술이다. 클라우드 종류에는 SaaS(오피스 등 SoftWare), PaaS(SoftWare개발 플랫폼), IaaS(서버 등 인프라)을 포함하고 있다.

1) SaaS (Software as a Service)

클라우드 서비스 중 가장 일반적인 유형이며 대부분의 사용자가 언젠가 사용해 본 경험이 있는 유형이다. SaaS 클라우드 모델에서는 서비스 제공자가 모든 인프라와 소프트웨어 제품을 제공한다. 사용자는 웹 기반의 프론트엔드를 사용하여 서비스와 상호작용한다. 이러한 서비스는 Gmail과 같은 웹 기반의 이메일에서 금융 소프트웨어에 이르기까지 다양한 범위에 적용된다.

2) PaaS (Platform as a Service)

서비스 제공자가 자체 하드웨어 인프라에서 호스트하는 소프트웨어와 제품 개발 도구를 제공하는 클라우드 서비스이다. 사용자는 제공된 API와 플랫폼 또는 개발용 그래픽 사용자 인터페이스를 사용하여 애플리케이션을 개발(빌드)할 수 있다. 이러한 유형의 서비스에 대한 일반적인 사례로는 Salesforce.com의 Force.com과 Google App Engine을 들 수 있다.

3) IaaS (Infrastructure as a Service)

가상 서버, 데이터 스토리지 및 데이터베이스와 같은 일련의 빌딩 블록에 대한 액세스를 서비스 형태로 제공하는 클라우드 서비스이다. 사용자는 이러한 빌딩 블록을 결합하거나 계층 구조화하여 애플리케이션을 실행하는 데 필요한 인프라를 구축할 수 있다. IaaS와 관련된 가장 유명한 사례는 AWS(Amazon Web Services)와 Rackspace이다.

참고	클라우드의 개념 및 유형

클라우드의 개념

ㅇ (개념) HW/SW 등 각종 ICT 자원을 통신망에 접속해서 서비스로 이용하는 방식

클라우드의 유형

ㅇ (서비스 모델에 따른 분류) ① 응용SW를 서비스로 제공하는 SaaS, ② SW 개발환경(플랫폼) 서비스를 제공하는 PaaS, ③ IT 인프라(서버, 스토리지 등) 서비스를 제공하는 IaaS로 분류

ㅇ (구현 방식에 따른 분류) ① 기관 내부적으로 구축·이용하는 **프라이빗**, ② 외부 사업자의 서비스를 활용하는 **퍼블릭**, ③ 프라이빗(보안성), 퍼블릭(비용절감·민첩성)을 조합한 **하이브리드**로 분류

Question 9

기업에서 정보시스템 관리와 생산성 향상을 위해 클라우드 서비스를 도입하면 어떠한 부분들이 좋아지나요?

6.3.2 클라우드(Cloud)의 기대효과

우선 클라우드 서비스의 도입으로 정보저장과 처리를 위한 비용이 절감될 수 있다. 정부의 경우에도 공공혁신의 전략으로서 클라우드 도입을 통해 정부 부처 간 정보공유를 바탕으로 협업·소통이 확대되고 업무 효율성이 증대되며 비용도 절감할 수 있다고 한다. 미국의 경우, 7개 부처에 22개 클라우드 서비스를 도입하여 2013년에만 약 96백만 불을 절감했다는 보고가 있다.

〈그림 6-5. 클라우드 적용 사례〉

범죄예방	의료	교육
형사사법정보를 클라우드에 저장 및 활용(미국)	클라우드를 통해 의료 정보 조회, 처방 등 편리한 진료	교육 콘텐츠를 클라우드를 통해 언제, 어디서나 활용

산업 영역에서도 1차 산업인 농·축산업 등의 경영·생산·판매 전 과정에 클라우드를 적용하여 수확량 증가 등 스마트 농장 실현이 용이해지고 있다. 일본의 경우 클라우드와 IoT를 활용하여 농업 전반의 효율성 향상 추진 중이다. 2차 산업인 자동차·조선 등에 클라우드를 접목하여 제조업과 ICT 융합 촉진을 가속화하고 이를 통한 제품 경쟁력 확보가 가능하다. 미국의 자동차회사 GM은 클라우드(제품수명관리, 도면 설계 등) 기반 가상제조 환경 도입 등을 통해 스마트 공장을 구현하였으며 흔히 얘기하는 서비스업인 3차 산업의 경우, 금융, 유통(전자상거래) 등에 클라우드를 활용하여 전 세계를 대상으로 동시에 글로벌 서비스 제공이 가능하다. 중국의 알리바바는 미국, 유럽 등 글로벌 서비스 확대를 위해 2015년에 클라우드를 도입하였다.

Question 10

기업이 클라우드 서비스를 도입하는데 예상되는 문제점은 없는지요? 최근 국내 연예인의 신상 정보를 클라우드 서비스에 저장, 보관했다가 해킹을 당했다는 경우가 발생했는데요.

6.3.3 정보보호와 사이버 보안

기업의 경영정보시스템은 비용과 예산의 절감, 기업경영기능의 향상 및 의사결정의 실시간 적용 역량이 향상되는 매우 중요한 인프라 자산이지만 인터넷 그리고 통신상의 사이버 보안은 세계적으로 관심과 중요한 문제가 되었으며, 이미 50여개 국가 이상은 사이버 공간, 사이버 범죄 그리고 사이버 보안에 대한 그들의 공식 입장의 개요를 전략 문서의 형태로 공식적으로 발표할 정도로 중요한 해결과제이다.

사이버 보안에 대해 국제전기통신연합(ITU)은 다음과 같이 규정하고 있다. 사이버보안 활동은 툴, 정책, 보안 개념, 보안 세이프 가드, 가이드라인, 리스크 관리 접근법, 행동, 교육, 최상의 연습, 보장 그리고 사이버 환경과조직과 사용자의 자산을 보호하는데 사용될 수 있는 기술들의 집합이며, 정보의 기밀성, 무결성 그리고 유용성의 보존으로서 매우 중요한 기술이자 과제이다. Whitman과 Mattord는(2009년)은 "정보를 사용하고, 저장하고 송신하는 시스템과 하드웨어를 포함하여, 정보와 그것의 결정적인 요소의 보호"로 정보 보안을 정의하고, 정보통신기술(ICT) 보안은 정보가 일반적으로 저장되고 또는 전송된 실제 기술 기반 시스템의 보호에 대한 조치를 수행해야 한다고 주장한다. 국제 표준 ISO/IEC 13335-1(2004년)은 기밀성 유지, 무결성, 유용성, 부인방지, 책임, 신빙성과 정보 자원의 신뢰성을 달성하는 것과 관련되는 모든 면으로서 ICT 보안을 규정한다.

정보통신기술기반 시스템에 관해서, 그 정보를 다루는 모든 리소스와 과정이 안전하지 않는다면 정보 자체가 안전하다고 생각될 수 없다고 인식하는 것 역시 중요하다. 정보통신기술은 자산 즉, 정보를 절충하기 위한 시도로 다양한 위협으로 목표가 되는 것이 하나의 취약한 부분으로 분류할 수 있기 때문에 정보보안의 경우에, 정보는 보안화 되는 자산이라는 것을 경영층이 주목하는 것이 중요하다.

QUIZ

소속

성명

❶ 경영정보란 기업에 있어서 경영정책을 수립하거나 의사결정을 하는 데 이용되는 어떤 사실이나 자료를 의미하는 왜 기업에서 경영정보를 신속하고 정확하게 필요로 하는지의 대한 목적을 설명하시오.

❷ 기업에서 흔히 말하는 경영정보시스템을 세분화하고 이들 각각의 특징에 대해서 설명하시오.

❸ 경영정보시스템의 유형에서 '거래자료 처리 시스템', '지식관리 시스템', '정보보고시스템'과 '의사결정시스템'에 대해서 주요 내용을 설명하시오.

❹ 빅 데이터의 기본적인 개념을 이해하고 빅 데이터 활용 목적에 따른 유형과 그 내용을 설명하시오.

⑤ 클라우드에 대한 개념을 바탕으로 SaaS, PaaS, IaaS의 주요 특징과 내용을 설명하시오.

❻ 클라우드 서비스가 활성화되고 보편화됨에 따라 클라우드 서비스를 활용하여 기업의 경영정보 촉진활동을 전개할 수 있는 사례 한 가지를 설명하시오.

제7장
조직행동과 인적자원관리

제1절 조직행동
제2절 인적자원관리
제3절 인사노무관리

조직행동과 인적자원관리

Question 1

기업의 경영진, 구성원, 주주 등으로 구성되어 있는 조직입니다. 다양한 성격과 특성,
경험이 다른 사람들이 한 조직에서 공통의 목표를 달성하기 위해 조직에서 발생하는
다양한 행동들은 어떠한 것이 있을까요?

제1절 조직행동

7.1.1. 조직행동의 이해

조직행동론(OB, Organizational Behavior)은 조직 구성원들의 행동이나 태도를 체계적이
고 과학적으로 연구하는 경영학의 한 분야이다. 즉, 조직 내 인간행동(Human Behavior
in Organization)을 이해, 설명, 예측하고, 또 이를 조직유효성(또는 조직효과성) 제고를 위해
응용하고자 한다. 여기서 말하는 조직유효성은 조직효과성(Organizational Effectiveness)
으로 조직이 지향하는 다양한 목표들의 달성 정도와 조직효율성(Organizational

Efficiency) 측면에서의 산출물에 대한 투입물의 비율을 측정한다. '조직유효성'이 '조직효율성'보다 상위의 개념이라고 이해할 수 있으며 크게 구분하여 ①직무성과(Job Performance), ②직무만족(Job Satisfaction), ③조직몰입(Organizational Commitment) ④조직시민행동(Organizational Citizenship Behavior, OCB) ⑤철수행동(Withdrawal Behavior) ⑥반생산적 작업행위(Counterproductive Work Behaviors, CWB) 등을 탐색한다. 기업의 목표달성에 관한 조직원, 즉 구성원에 업무성과를 독려하기 위한 방법들, 업무성과에 대한 공정한 성과평가, 조직의 목표와 가치의 수용, 조직을 위해 최선을 다하려는 태도, 조직구성원으로서 남으려는 강한 욕구를 바탕으로 한 조직몰입, 공식적인 담당 업무도 아니고 적절한 보상도 없지만 자신이 소속된 조직의 발전을 위해 자발적으로 수행하는 각 구성원들의 지원 행동인 조직시민행동, 물리적이고 심리적으로 조직의 목표와 요구사항에 반대하는 철수행동 등을 탐색한다.

Question 2

기업이 조직의 목표를 달성하기 위해 생산성과 효율성을 높이는 것은 중요한 일이지만 정해진 업무와 작업 환경 하에서 반복적인 활동을 전개할 경우, 생산성과 효율성이 반드시 높아지지만은 않을 것 같습니다. 조직행동이 탄생하게 된 배경이 무엇인가요?

7.1.2. 호손 효과

시카고 외곽에 위치했던 호손 웍스는 웨스턴일렉트릭사에 소속된, 미국에서 가장 큰 전구 제조공장이었다. 이 제조공장에서 조명의 밝기와 작업 생산성의 연관성을 알아내기 위한 실험을 진행하였는데, 실험결과 엔지니어들의 생산성은 실험이 시작되면서 증가하는 경향을 보이다가 실험이 끝나면서 떨어지는 경향을 보였다. 연구자들은 조명의 밝기 외에 연구자의 관찰행위가 생산성에 어떤 영향을 미쳤을 것이라고 생각하고 1927년에 이 실험을 중단한 후에 하버드 대학교 교수인 엘튼 메이요(Elton Mayo)의 팀에게 협조를 구하게 되었다. 실험은 다시 시작하였고 1932년까지 계속되었다. 새로운 실험은 작업의 내용, 근무요일, 휴식시간, 급료 등의 영향 요인을 변화시키면 생산성에 얼마나 영향을 끼치는지 조사하는 것이었다. 이 사실을 종래의 산업심리학적 가설, 즉 '생산능률은 임금·작업시간·노동환경 등 물적 작업조건의 함수'라는 가설만으로는 설명하기 어려운 문제를 제기했기 때문에 조사담당자들은 이 실험의 방대한 기록을 다시 정밀 분석해서 그 원인을 추구했다.

그 결과, 작업집단 성원의 사회 심리적 변화라는 사실을 발견하였다. 즉 당초부터 실험참가자들의 의사에 따라 구성된 작업집단에 대해 두드러진 귀속감정이 발생하면 그 귀속감정은 집단의 작업이 중요한 의의를 지닌 학문적 조사의 대상이 주목되는 사실을 전원이 의식함으로써 집단원의 근로의욕을 북돋아 줄 수 있다는 점을 실증하였다. 이로써 '강한 응집력을 지닌 집단성원이 집단의 목적달성에 대해 긍정적인 태도를 지닐 때 집단의 활동효과는 촉진된다'는 극히 사회 심리학적 견해가 산업분야에서 검증되어 '호손효과'로 불리며 산업의 생산력 향상에 기여하게 되었다.

이 실험으로 임금이나 작업환경뿐만 아니라, 조직구성원의 생각과 감정에 대한 관리가 실제 생산성과 조직성과 향상에 큰 영향을 준다는 깨달음을 제공하였으며, 리더십과 동기부여(Motivation) 등 행동과학적 연구들과 인적자원관리(HRM, Human Resource Management) 등 오늘날 기업경영에 있어 인사/조직 분야 등 인간관계이론의 후속 연구들의 토대를 구축하게 되었다.

Question 3

호손실험을 통해서 조직행동에 관한 이해의 폭이 넓어졌다면 이후 조직성과의 생산성과 효율성을 위한 부분은 어떻게 발전하게 되었나요?

7.1.3. 시스템이론과 상황적합이론

호손실험이 기업 조직에서의 인간관계를 바탕으로 경영조직의 행동에 대한 전략을 수립하고 조직원 만족을 고민하는 데 영향을 주었다면 이후에는 조직을 하나의 개방형 구조로 가정한 다양한 이론들이 연구되었다. 이중 대표적인 것이 시스템이론과 상황적합이론이다. 우리가 흔히 조직은 하나의 유기체이며 시스템으로 움직여야 한다는 말을 하는데 시스템이란 공동의 목표를 달성하기 위해 함께 기능하는 공동체를 의미하며 이를 위해 조직은 목표, 구조, 기능이라는 요소로 구성되어 있다고 가정하고 이러한 시스템을 바탕으로 조직을 이해해야 한다는 것이 바로 시스템이론이다. 시스템이론(Systems theory)은 오스트리아 생물학의 아버지로 불리는 칼 루드비히 폰 베르탈란피(L. von Bertalanffy)의해 창시되었다. 베르탈렌피는 여러 학문분야들 중 어느 한분야만을 이해해서는 어떠한 분야도 제대로 이해할 수 없다고 생각했고 여러 학문분야를 통합하여 이해할 수 있는 통합적 사고와 연구의 틀을 찾기 시작했다. 그 과정 속에서 시스템이론이 탄생하였다. 이렇게 등장한 시스템이론은 기존의 분석법과는 달리 변화하는 현상들 중에서 각각의 실체에 대해 집중하는 대신 변화하는 것들의 상호작용에 집중함으로서 모든 시스템에 적용할 수 있는 틀을 제시했고 시스템이 가지고 있는 특성으로 모든 현상을 설명할 수 있게 되었다. 베르탈란피는 본인의 저서 '일반시스템이론(General system Theory)'에서는 살아있는 유기체를 시스템의 한 예로 설명함으로써 조직에 대한 생물학적 은유를 확산시켜 조직을 하나의 살아 있는 유기체로 보는 관점은 조직을 환경과 끊임없이 상호작용하면서 존재하는 개방체계로 이끌어야 하며 조직의 시스템을 구성하는 각각 하위시스템들은 서로 상호의존성을 지닌다고 보는 관점을 주장하였다.

이후 상황적합이론(Contingency Theory of Organization)등장하게 되었는데, 효과적인 조직설계를 위해 조직을 설계하고 운영함에 있어서 유일한 최선의 방법은 없다(There is no one best way to organize)는 상황이론 또는 상황적응이론(Contingency theory)이 탄생하였다. 기업을 비롯한 조직은 환경과 밀접한 관계를 맺고 있으며 그 관련성이 조직에 어떠한 영향을 미치는가 하는 것에 초점을 두는 조직이론이 등장하였다. 전통적인 조직론에서는 외부환경에 따라서 영향을 받지 않는 보편타당한 조직구조 및 관리적 특성만이 존재한다고 가정하였는데, 상황이론에서는 조직이 외부환경과 기술, 규모 등에 의해 영향을 받는다고 봄으로써 환경의 중요성을 더욱 강조한다. 조직을 여러 개의 하위체계로 구성된 하나의 큰 체계(체계이론)로 보고, 조직 내의 하위체계(조직의 단위 등)는 다른 하위체계나 또는 조직전체, 그리고 외부환경(정치·경제·사회 등)과 상호작용하는 관계에 있다는데 초점을 두고 있다. 또한 조직이 외부환경과 상호작용을 할 경우 그것에 반응하여 하위체계가 움직이면 그것을 '상황적응'이라 하며, 그 상황적응이 어떠한 양상을 나타낼 때, 즉 조직이 환경과 어떠한 관계를 가질 때에 그 조직은 효과성을 높일 수 있게 되는가 하는 문제의 해답을 찾으려는 이론이다. 하지만 합리적이고 효율적인 조직의 관리방식은 여러 가지가 존재할 수 있으며 각 조직은 목표와 규모, 조직기술과 환경과 시장뿐만 아니라 구성원들의 능력, 태도, 가치관 등도 모두 다르기 때문에 어느 상황에서나 똑같이 적용될 수 있는 관리원칙은 존재하기 어려운 점이 존재한다. 이와 같은 상황이론은 1950년대 말 로렌스(P. R. Lawrence)와 로쉬(W.

Lorsch)에 의해 처음으로 제시되었고, 번스(T. Burns)와 스탈커(G.M. Stalker), 그리고 애스턴 그룹 등에 의하여 체계화되어 갔다.

　오늘날에는 사람들마다 고유의 성격(personality)을 갖고 있는 것과 마찬가지로, 사회나 기업들도 그들 나름의 독특한 문화(culture)를 갖고 가질 수 있고 한 기업을 다른 기업들과 구분되게 만들어주는 주요 요인이 바로 조직 문화라는 관점의 조직문화이론과 기업은 끊임없이 탐구하고 배워가야 한다는 학습조직이론(Senge, 1990) 등이 오늘날 기업들의 생산성과 효율성을 높이기 위한 중요한 실천이론으로 자리매김하고 있다.

Question 4

기업의 조직구성은 조직체계, 구성원, 그리고 주주 등이라고 일반적으로 알려져 있습니다. 조직구성을 운영하는 체계로 볼 수 있는 인사관리는 기업 구성원들이 가장 크게 주목하는 부분이라고 판단됩니다. 승진과 보상, 징계, 성과평가, 교육훈련 등 다양한 기능이 포함되는데 전반적인 기업의 인사관리는 어떻게 운영되고 있나요?

제2절 인적자원관리

7.2.1. 인적자원관리의 개념

　인사관리(인적자원관리, human resource management or personnel management)는 경영활동을 위해 필요한 제반 투입요소 중 '사람'에 대하여 중점적으로 연구하는 분야로서 기본적으로 인사관리에 관한 경영학의 학술적 측면에서 직무(일, job)와 이를 수행하는 인간(노동, labor)을 가장 중요한 연구대상으로 삼는다. 즉 인사관리는 직무에 관한 연구와 조직구성원에 관한 연구로 크게 구분하는데 인사관리에서 다루는 직무 관련 연구범위는 직무의 구조(직무의 존재이유, 타 직무와의 관계, 수행방법 등)와 다양한 직무의 수행과정(성공적 직무 수행 순서, 타 직무와의 시간적 관계)을 탐구한다. 반면 인간과 관련 연구범위는 직무수행 능력, 채용, 교육, 평가, 보상, 유지, 노사관계 등이다. 또한 직무와 인간 이외에도 직무와 인간에 영향을 미치는 각종 요인(정치적, 경제적, 사회문화적, 기술적 요인)들을 연구대상으로 삼게 된다. 여기서 연구 대상이라 함은 기업경영에 필요한 직무와 구성원에 관한 업무를 기업경영 조직 내 일정한 부문이나 팀에서 담당하는 직무와도 직결된다. 기업에 규모와 수행범위에 따라서 인력부문, 인사팀, 경영지원 부문에서 경영진을 대상으로 조직과 인력에 관한 정보를 제공하고 관련 의사결정을 통해 생산적이고 효율적인 자원의 활용을 통해 조직운영을 돕는다. 그러므로 대부분의 경우에 있어 기업경영에서 인력 또는 인사와 관련된 조직은 최고경영자의 경영철학, 이념과 경영전략을 충실히 수행할 수 있도록 지원하고 방향성을 제공하는 업무를 수행한다. 실무에서는 조직구성원의 노동 대가를 산정하는 '급여'산정이 가장 기본적인 일이고 '노무'업무가 가장 어려운 일이 될 수 있다.

Question 5

직무와 인간을 생산적이고 효율적으로 운영, 관리하는 업무를 수행하는 인사관리의 목적과 접근은 어떻게 수행되고 있나요?

7.2.2. 인적자원관리 목적 및 접근

인사관리는 크게 객관적 측면과 주관적 측면으로 구분한 목적을 수행한다. 객관적 측면이란 기업의 입장에서 인적자원관리의 합리성을 추구하는 것을 의미한다. 이는 기업의 목표달성을 위한 구성원과 조직전체의 성과창출 및 효율성을 목표로 하게 되므로, 생산성의 향상을 위해 인사관리의 실행이 이루어지게 된다. 주관적 측면이란 구성원의 입장에서 리더십과 주인의식, 그리고 인간성을 추구하는 것을 의미한다. 이 관점에서의 인사관리는 자아실현과 공정성을 목표로 하게 되므로 개인 정체성의 확립을 위한 인사관리의 실행이 이루어지게 된다. 여기서 공정성(equity)이란 효율성의 대립개념으로서 일반적으로 흔히 사용되는 형평성과는 달리 자원의 투입과 산출 간의 비교를 통해 생성되는 개념이다. 이러한 객관적 측면과 주관적 측면을 아우르는 인사관리의 통합적 목적(이념)을 통하여 관리를 실행하게 되는데 이와 같은 "성과적 공동체 이념"은 기업경영의 목표 및 비전을 달성하는데 매우 중요한 요소이다. 한편 통합적 목적은 목표 수립에 따른 성과를 강조한다는 점과 조직의 목적인 합리성과 경제적 효율성의 달성을 위해 '공동체'임을 강조한다는 점에서 구성원의 추구하는 개인적인 목적인 인간성 존중과 공동체의 가치 실현의 측면을 관리하는 의미이다.

인사관리의 과정(process)은 기본적으로 인과관계(causality)에 대한 접근이 중심이다. 인사관리에 영향을 주는 요소는 인사관리의 원인요인이 되고, 인사관리가 영향을 미치는 요소는 인사관리의 결과요인이 된다. 이들을 원인과 결과에 의해 배치하면 전체 경영관리 시스템에서 인사관리가 차지하는 위상을 잘 이해할 수 있는 동시에 과정적 순서에 의한 흐름도 더욱 쉽게 파악할 수 있다는 점에서 인사관리의 과정을 살펴보는 의의가 있다. 인사관리과정에 대한 접근법은 크게 '거시적 과정의 분석'과 '미시적 과정의 분석'으로 나눌 수 있다.

1) 거시적 과정의 분석

기업경영의 최상위에 설정된 기업의 비전으로부터 조직효과성에 이르는 경영관리의 전반적 과정 속에서 인사관리가 차지하는 위상과 의의를 탐구하는 것이다. 거시적 과정에서는 기업의 경영철학, 경영이념, 비젼과 미션이 기업의 목표 달성을 위한 구체적인 직무, 구성원의 만족, 구성원의 역량과 기업의 자원 등이 적합하게 운용되는가를 분석한다. 기본적으로는 인사관리에 있어 기업의 설립취지와 목적이 구성원들에게 잘 이해되고 전파되고 있는지, 구성원들의 인식과 실천적 행동이 전체적인 기업의 방향성과 목표가 달성되도록 움직이고 있는지를 살펴보는 것이다. 이때 기업을 둘러싼 환경변화는 매우 중요한 분석의 변수로써 작용하며 정치, 경제, 사회, 문화 등의 환경변화 변수를 알맞게 기업의 인사관리에 조정할 수 있는 변화요인으로 선정하고 방향성을 잡아나가는 것은 중요한 일이다.

2) 미시적 과정의 분석

미시적 과정을 분석하는 것은 인사관리 시스템 내부에서 발생하는 관리과정상의 측면을 살펴보는 것으로 인사관리 시스템 차원에서 크게 두 가지가 있는데, 하나는 인사계획(Plan)-인사실행(Do)-인사통제(평가, See)로 이어지는 매니지먼트 프로세스(management process)이고, 다른 하나는 투입(Input)-과정(Process)-산출(Output)로 이어지는 로지스틱 프로세스(logistic process)이다. 여기서 말하는 투입은 인적자원을 비롯한 기업의 자원(자금, 시간, 인력 등)을 의미하고 과정은 전반적으로 매출과 수익을 발생시키는 비즈니스 모델, 기업 정보 시스템, 생산과 제조 인프라 등을 의미한다. 산출은 투입과 과정을 통한 결과물인 매출과 수익을 의미하며 설정된 목표대비 초과되는 매출과 이익이 산출되도록 목표를 설정하는 것이 중요하다. 이러한 투입과 과정, 산출은 기업조직의 담당 부서마다 목표를 설정하지만 경영지원과 인적자원을 관리하는 측면에서 검토가 실행되어야 한다. 또한 목표 달성했을 경우 구성원과 주주에게 돌아갈 성과보상과 승진, 교육과 업무 재배치 등을 관리한다. 실무적으로는 인적자원을 관리하는 부서에서는 동종업계 수준을 제도와 수준을 파악하고 해당 기업의 규모와 매출, 인적자원(구성원역량, 과거성과, 기업의 규모와 자원 등)을 파악하여 경영진과 함께 전반적인 비전, 매출달성목표와 달성 가능한 시기, 필요자원을 종합적으로 분석하여 연간 또는 3년 이상의 중장기적으로 확정하고 시행하는 동시에 과정의 결과물을 점검하고 수정한다.

Question 6

기업에서의 인사관리는 인적 역량의 확보, 유지 및 발전을 위해 기능적 역할이 매우 중요할 것으로 생각됩니다. 인사관리에 있어 그 기능은 무엇이고 어떻게 관리되어야 하나요?

7.2.3 인사관리의 기능

인사관리는 사람의 일생과 마찬가지로 조직 내 인간이 겪게 되는 순차적 과정이기도 하지만 경영진이나 관리자의 관점에서 바라보면 조직효과성이라는 목표의 달성을 위해 필요한 인적자원 관리의 과정과 기능(function)차원으로 볼 수 있다. 즉, 조직이 인적자원을 확보하여 원하는 인재로 육성·개발하고, 업무에 투입하여 어느 정도의 성과를 내는지 평가함으로써 그에 따른 보상을 주고 지속적으로 조직에 유지시킬 것인지 아니면 방출할 것인지의 의사결정을 내리는 등의 관점에서 인사관리를 접근할 수 있다. 이 과정은 반드시 순차적이지 않으며 상황에 따라서 몇 단계가 동시에 나타나기도 하고, 때에 따라서 일부 단계가 생략되기도 한다. 주요 과정 또는 기능적인 측면을 살펴보면 다음과 같다.

1) 채용(확보)관리

이는 기업의 목표달성에 필요한 인적자원을 조직 외부로부터 모집하여 선발하는 과정을 의미한다. 인적자원의 투입관리 또는 채용관리라고 불린다. 일반적으로 '공개채용' 방식을 활용하지만 최근에는 '수시채용'을 선호한다. 즉 필요한 인적자원의 결원이나 필요시 채용하기 때문에 채용후보자는 해당 직무의 경력과 수행역량을 보여줄 수 있는 객관적인 자료가 필요하다. 비용이 다소 소요되나 객관적이고 공정한 평가과정을 거쳐 인적자원을 확보한다. 기업마다 자신들의 목적에 맞게 후보자의 서류전형-필기전형-면접전형 등의 3단계 과정을 거치거나 필기전형-면접전형 등의 2단계 과정을 거치기도 한다. 일반적으로 2-3배수를 선발하고 최종 경영진의 면접을 통해 채용을 확정한다. 대기업의 경우 직무관련 수요부서가 인사관리부서에 요청하고 해당 예산이 확보될 경우 또는 경영진에서 시급성이 인정될 경우 수시채용이 발생한다. 실무적으로는 채용방향과 채용인원을 경영계획에 따라 수립, 확정하고 사전공지를 통해 모집한다. 최근 들어 '블라인드' 채용을 통해 후보자의 직무역량에 관한 객관적인 평가가 더욱 확산되는 추세이다. '블라인드 채용'은 학교, 성별, 배경 등 대상기관에 편견을 줄 수 있는 부분을 삭제하고 공정한 평가가 이루어지도록 하는 것이나 '학점'은 삭제되지 않으며 면접과정에서의 질문과 평가를 통해 선발되므로 결국 우연 또는 행운으로 채용되는 경우는 극히 드물다. 또한 자기소개서 등 해당 기관에서 요구되는 직무 지식과 사전 경험 및 활동을 중시하는 경향이 있어 단순한 성적으로 평가에서 우수한 성적을 거두기 어렵다.

2) 개발관리

인적자원에 적절한 기능과 지식을 부여하는 교육 훈련 관리와 승진관리 및 경력관리를 포함한다. 신분관리라는 용어로 지칭되기도 한다. 교육기관에서는 주로 이론을 중심으로 지식을 확대를 추구했다면 기업 실무에서는 실제적으로 업무 현장에 투입되어 해당 직무를 완벽하게 수행해야 할 필요가 있다. 그러기 위해서는 교육기관에서 학습한 컴퓨터 활용능력, 외국어활용능력, 해당 직무에 적합한 인턴십 또는 현장실습 역량이 기업의 실무 투입에 유용할 수 있다. 과거에는 3년 또는 그 이상의 기업 실무자가 신규 채용자의 기업 실무 재교육을 담당하는 경우가 많았으나 최근에는 인사 또는 인력 관리 부서에서 간단한 교육을 시행하고 현업에 배치된 부서에서 교육을 담당하나 실질적으로는 신규 채용인력이 담당하는 직무를 사전에 파악해야 하는 어려움이 따른다. 따라서 기업에서 추진되는 재교육에 많은 부분을 의지하면 안 되고 교육기관에서 학습하는 동안에 충분한 경험을 쌓을 수 있도록 하는 것이 좋다. 사례로 구글의 경우, 해당 직무의 적합한 인원을 채용하기 위해 교육기간 동안 학습한 부분과 그에 따른 현장 활용 인턴십을 매우 중시하고 있다. 따라서 신규 채용인력은 사전에 본인이 희망하는 직무 중심의 실전 경험과 활용 역량을 쌓는 것이 매우 중요하다.

3) 평가관리

이는 인적자원의 합리적 관리와 공정보상을 위하여 구성원의 능력, 태도, 업적을 평가하는 것을 말한다. 통상적으로 인사고과관리라고 한다. 기본적으로 모든 평가관리는 KPI(Key Performance Index)에 의해 설정된다. 일반 기업은 물론 정부기관에 이르기까지 KPI는 매우 중요한 평가관리 척도이다. 예를 들어 마케팅 부서의 KPI는 당해 연도 100% 달성을 목표로 기업의 당해 매출이 30-40%를 차지하고 이익이 30-40%를 차지한다. 그밖에 제품 브랜드 관리측면의 브랜드 인지도, 최초 상기도, 고객 만족도 등을 10-20%로 책정하여 평가받는다. 이러한 KPI는 마케팅 부서의 전체 평가관리 지표이며, 구성원 개인의 KPI는 부서의 KPI와 연동되어 설정된다. 이러한 평가관리는 정량적인 지표로 측정되며, 개별 구성원은 해당 직무에 따라 일부 해당 부서장의 정성적인 평가(태도, 근태, 달성도 등)로 이루어지기도 한다. KPI가 중요한 것은 구성원의 성과를 측정하는 동시에 연봉과 승진, 교육 기회 등 다양한 기업의 복지와도 연결되어 매우 중요한 요소임에 틀림이 없다.

4) 보상관리

노동에 대한 대가로서 조직 구성원에게 지급되는 직접적 보수에 대한 임금관리와 간접적 보수에 대한 복지후생관리, 그리고 직접적·간접적 보상에 모두 해당한다고 할 수 있는 배분참여관리를 포함하는 개념으로서 통상 보수관리라고도 한다. 각 기업마다 보상관리의 대한 기준과 지표를 설정하고 있으며 대부분의 경우에 있어 목표대비 초과된 매출과 이익이 발생할 경우에 추가적인 보상이 지급된다. 보상기준과 범위는 기업의 최고 경영진과 이사회의 승인으로 결정되며 매출과 이익목표달성의 적절성, 적합성, 시장점유율 및 비용절감 등의 다양한 측면으로 분석하여 기준이 마련된다. 보상하지 않는 경우에는 기업의 법인세를 추가로 납부하거나 노동관련 기관의 점검과 감시가 이루어지기에 일반적으로 구성원의 동기부여를 위해 지급하는 경우가 대부분이다. 또한 추가적인 보상은 전체적인 기업의 당해 연도 매출과 이익에 따라 지급되는 것이 일반적이지만 구성원의 동기부여 차원에서 지급하는 경우도 있다. 중소기업의 경우, 자금상황 악화로 인해 적절한 급여보상관리가 이루어지지 않을 때는 구성원이 조금도 기다려주지 않고 바로 퇴사하거나 노동관련 기관에 신고하는 경우가 많아 경영진의 각별한 노력과 주의가 요구된다. 보상관리가 적절하고 공정하게 이루어지기 위해서는 설정된 평가 목표에 대한 구성원 간 합의가 매우 중요하다. 기업의 업무는 시의성, 시급성, 시장상황 및 제품과 서비스의 생산과 제공, 경쟁사 등 변수가 많기 때문에 설정했을 때의 목표와 평가관리가 과정관리로써 중요할 수밖에 없다. 보상관리는 재무적 보상(인센티브또는 상여 지급)이 일반적이지만 최근에는 재교육의 기회

부여 및 승진, 자사주를 낮은 가격으로 구성원이 매입할 수 있도록 하는 등의 보상방식을 활용한다.

5) 유지관리

구성원의 신분과 관련된 배치전환관리와 근로조건과 관련된 근로시간 및 안전위생관리, 그리고 안정적인 노사관계를 유지하기 위한 노사관계관리로 구성된다. 최근 최저임금의 인상 및 주 52시간 근무제의 제도적 정착과 확산 등으로 인해 유지관리가 새로운 기업의 인적자원관리에 매우 중요한 이슈가 되고 있다. 비단 유지관리의 법적인 보호는 물론이거니와 구성원 자체가 기업의 피해 또는 손실을 야기 하지 않도록하는 것이 중요하다. 특히 노무관리, 노사관리는 구성원의 직무만족과 평가보상이라는 차원에서 지난 수십 년간 국내기업에서 가장 어려운 해결과제로 부상하였다. 유지관리에서 중요한 부분은 구성원의 동기부여 및 임파워먼트(Empowerment)이며 구성원 스스로가 자발적으로 직무성과를 올릴 수 있도록 다양한 지원과 제도적 보완을 꾀하고 있다.

6) 방출관리

구성원이 자발적으로 조직을 떠나고자 하는 현상에 대한 이직관리와 고용조정에 따른 부작용을 최소화하는 동시에 경영효과성을 제고하기 위한 방출관리로 구성된다. 구성원의 개인 사정으로 자발적으로 조직을 떠나는 경우, 의원면직이라는 용어를 활용한다. 구성원이 자발적으로 조직을 떠나는 경우 3개월 정도의 퇴직급여를 받을 수 없다. 의원면직 이외에 조직에 피해와 손실을 입힌 경우, 감봉 또는 직위해제 등의 견책과 징계를 받게 되며 이러한 규정과 제도는 각 기업별로 채용할 당시 직무규칙과 제도를 소개함으로써 구성원과의 근로계약서를 작성하고 서명할 때 자세한 규정을 밝히고 합의, 서명하도록 한다. 즉 기업의 구성원은 기업과는 계약을 통한 관계로 형성되어 있기 때문에 계약사항에서 벗어난 행동이나 결과로 인한 법적 책임은 구성원이 져야 한다. 예를 들어, 기업의 조직 구성원이 기업 내부의 기밀을 외부로 밝히는 경우, 구성원의 자의적 목적에 의해 기업의 이미지를 실추하거나 문제를 일으킨 경우 등 다양한 경우에 있어 기업은 해당 구성원을 감사하고 형사기관에 고소, 고발한다. 따라서 기업의 구성원은 기업이 제시하는 근로계약에 의거하여 합의된 계약관계임을 주지해야 하며 과거 종신고용제와 같이 기업이 정해놓은 정년을 보장한다는 것이 현실적으로 이루어 지 지 않기 때문에 근로계약을 준수하는 동시에 법적, 제도적으로 보호 받을 수 있는지를 사전에 확인할 필요가 있으며 자기개발에 힘을 써야 한다.

Question 7

기업의 인사관리는 구성원들이 가장 크게 주목하는 부분이라고 판단되며 승진과 보상, 징계, 성과평가, 교육훈련 등 다양한 기능이 있을 텐데 전반적인 기업의 인사관리 시스템은 무엇을 의미하나요?

제3절 인사노무관리

7.3.1. 인사관리 시스템

기업 경영에 있어 인사관리는 기업의 목표달성을 위한 하나의 시스템으로 이루어지고 있으며 규모와 수준에 상관없이 기업 나름의 처지와 상황에 적합한 인사관리 시스템을 갖추고 있다. 〈그림 7-1〉은 일반적인 인사관리 시스템의 구성도이다.

〈그림 7-1 인사관리 시스템 구성도〉

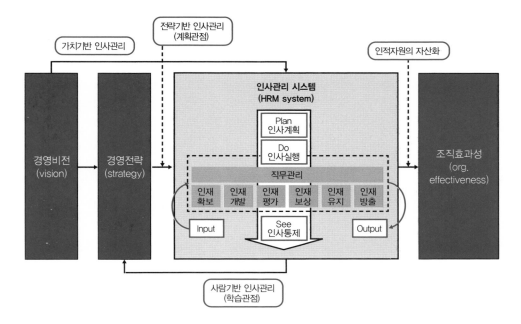

인사관리 시스템의 구성요소는 직무, 사람 그리고 기타부분으로 크게 구성된다.

1) 직무

인사관리에서 다루는 직무 관련 연구범위는 직무의 구조(직무의 존재이유, 타 직무와의 관계, 수행방법 등)와 직무의 수행 과정(성공적 직무 수행 순서, 타 직무와의 시간적 관계)이다.

2) 사람

인사관리에서 다루는 인간 관련 연구범위는 직무수행 능력, 선발, 교육, 평가, 보상, 유지, 노사관계 등이다.

3) 기타

인사관리에서는 직무와 인간 이외에도 직무와 인간에 영향을 미치는 각종 요인(정치적, 경제적, 사회문화적, 기술적 요인)들을 연구 대상으로 삼게 된다.

〈그림 7-2. 인사관리시스템 사례〉

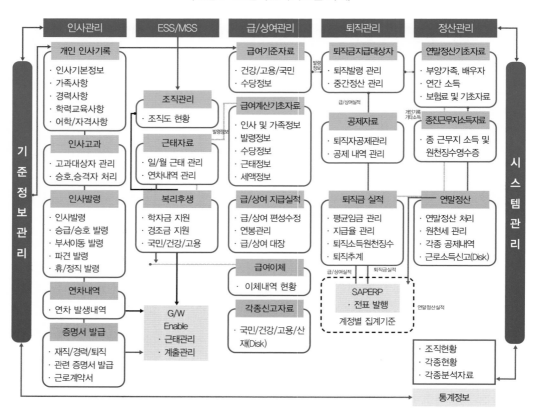

Question 8

기업이 인적(자원)관리를 정부가 정한 법률에 따라 공정하게 운영하는 것이 기업 뿐 아니라 근로자인 구성원에게 매우 중요한 사회적 규칙일 텐데, 노무관리의 주요 사항은 무엇이며 관련 규정은 어떻게 되어 있나요?

7.3.2. 노무관리

기업의 노무관리의 기본은 '표준근로계약서'를 갖추고 기업 소재지의 지방 노동기관이 정하고 지원하는 제도를 파악하여 구성원의 행복과 만족감을 높일 수 있도록 노력하는 것이다. 주요 노무관리 사항을 살펴보면 다음과 같다.

1) 근로계약 준수사항

근로자를 채용할 시 근로계약서를 작성해야 하며 다음 사항을 명시해야 한다.

구분	정규직	비정규직(기간제 및 단시간근로자)
명시내용	1. 근로계약기간 2. 근무장소 3. 업무의 내용 4. 소정근로시간, 휴게시간 5. 근무일/휴일 6. 임금(구성항목, 계산방법, 지급일, 지불방법) 7. 연차휴가	1. 근로계약기간 2. 근무장소 3. 업무의 내용 4. 근로일별 근로시간, 휴게시간 　(단시간 근로자에 한함) 5. 근무일/휴일 6. 임금(구성항목, 계산방법, 지급일, 지불방법) 7. 연차휴가 8. 계약형태(기간제, 단시간)
위반시 벌칙	500만원 이하의 벌금	500만원 이하의 과태료
교부	근로자의 요구와 관계없이 교부해야 합니다.	

위의 내용을 바탕으로 가능한 한 사용자측과 근로자가 법적 보호를 받을 수 있는 표준근로계약서를 작성하고 관련 양식은 고용노동부 홈페이지(www.moel.go.kr)의 알림마당에서 다운로드 받으실 수 있으니 이를 참조한다.

2) 취업규칙 관리

상시근로자수가 10인 이상이면 자체적으로 취업규칙을 작성하여 관할 고용노동지청에 신고해야 한다. 취업규칙을 작성하거나 변경하는 경우에는 근로자 과반수의 의견을 들어야 하고, 근로자에게 불리하게 변경하는 경우에는 그 동의를 받아야 한다(※위반 시 : 500만 원 이하의 과태료). 취업규칙 역시 고동노동부의 자료실에서 참고할 수 있는 문서가 제공된다.

3) 임금 및 퇴직관리

기업은 근로자와 임금의 구성항목, 지불방법 등을 노동법에 맞게 정해야 한다. 기본법과 법정수당(연장야간휴일근로수당 등) 이외의 임금항목(예를 들어, 상여금, 직책수당 등)은 근로자와 자유롭게 정할 수 있다. 임금은 매월 1회 이상 일정한 날짜를 정하여 해당 근로자에게 현금으로 그 전액을 지급하여야 한다. 연장·야간·휴일근로를 시키는 경우는 시급(통상임금)에 50%를 가산하여 더 지급해야 합니다(5인 이상 사업장만 적용). 또한 고용노동부장관이 정하여 고시하는 최저임금 이상을 지급하여야 하며, 최저임금에 산입되지 않는 임금은 ① 1개월을 초과하는 기간에 걸친 사유에 따라 지급하는 상여금 등 ② 연장, 야간, 휴일근로수당 등 ③ 가족수당, 급식수당, 통근수당 등이 있다. 산입할 수 있는 임금의 범위 직무수당, 직책수당, 기술수당, 면허수당, 위험작업수당 등이 있습니다. 특히 근로자와 최저임금미만을 지급하기로 약정했다 하더라도 이는 무효가 된다는 점을 주의해야 한다. 1년 이상 계속 근무하다 퇴직한 근로자에게는 퇴직급여를 반드시 지급해야 한다. 평균임금 퇴직 전 3개월 동안 근로자에게 지급된 임금의 총액을 그 기간의 총일 수로 나눈 금액을 말한다.

4) 근로 시간

근로시간은 휴게시간을 제외하고 1일 8시간, 1주 40시간 이내에서 정해야 하며, 1일 8시간, 1주 40시간을 초과하여 근로를 시킬 경우에는 근로자와 반드시 합의를 하여야 하고, 이 경우에도 1주일에 12시간을 초과할 수 없도록 하고 있다. 위반 시에는 2년 이하의 징역 또는 1천만 원 이하의 과태료를 부과한다. 1주일에 1일 이상 휴일을 주어야 하고 1주를 개근한 근로자에게는 하루의 유급휴일을 주어야 한다. 이 역시 위반 시에는 2년 이하의 징역 또는 1천만 원 이하의 벌금이 주어진다. 노동법 상 법정휴일은 주휴일과 근로자의 날(5월 1일)만 해당이 되며, 국경일 및 공휴일은 노동법 상 휴일이 아니므로 휴일로 할지 여부는 사업주가 근로자와 약정하여야 한다. 사업주는 근로자가 출근한 기간에 따라 유급휴가(연차)를 주어야 하며 1년이 지난 후 전년도에 80%이상 출근한 근로자에게 15일의 유급휴가를 주어야 한다. 1년 이상 근무 시 매 2년마다 유급휴가를 1일씩 늘려줘야 한다(3~4년 근속 : 16일, 5~6년 근속 : 17일, 노동법 상 유급휴가 최고한도는 25일이다).

5) 해고

기업이 근로자를 해고 하려면 정당한 이유가 있어야 하며 정당한 이유란 사회통념 상 근로계약을 계속할 수 없을 정도로 근로자에 게 책임 있는 사유가 존재하는 것으로 사업주가 종합적으로 검토하여 판단되어야 한다. 따라서 취업규칙과 근로규칙에 해고의 사유를 분명히 근로자에게 밝히고 동의와 합의가 있어야 한다. 일반적인 정당한 사유는 ① 금치산, 한정치산 선고를 받은 경우, ② 금고 이상의 형이 확정된 경우. ③ 신체 또는 정신상 장애로 직무를 담당할 수 없다고 인정되는 경우(의사의 소견이 있는 경우에 한함)이며, 근로자를 해고할 시 취업규칙에 있는 징계 절차를 거쳐야 하며, 해고 사유·시기를 반드시 서면으로 통지해야 한다.

근로자를 해고할 때에는 적어도 30일 전에 해고예고를 하여야 하고, 30일 전에 예고를 하지 않은 경우에는 30일분 이상의 통상임금을 지급하여야 한다. 위반 시에는 2년 이하의 징역 또는 1천만 원 이하의 벌금이 있다. 기간 종료 후 30일 동안은 해고하지 못하는데 ①근로자가 업무상 부상 또는 질병의 요양을 위하여 휴업한 경우 ② 산전·산후의 여성이 휴업한 경우에는 30일 동안은 해고할 수 없다. 위반 시에는 5년 이하의 징역 또는 3천만 원 이하의 벌금이 주어진다.

이처럼 노무관리는 기업 뿐 아니라 구성원인 근로자의 권익을 보호하기 위하여 다양한 분야에서 법률적으로 정해놓은 것을 의미하며 여러 곳에 위치해 있는 사업장에서 발생할 수 있는 다양한 노사관련 문제를 사전에 예방하고 교육함으로써 안정적인 기업과 근로활동이 추구될 수 있도록 지원, 관리한다.

QUIZ

제7장. 조직행동과 인적자원관리

소속 ....

성명 ....

❶ 기업조직의 행동과 인간 관계론의 기초가 된 '호손실험'과 그에 따른 시사점을 설명하시오.

....

....

....

....

....

....

....

....

....

....

....

....

....

....

❷ 조직 행동 론에서의 시스템이론과 상황적합이론의 주요내용과 각각의 특징에 대해서 설명하시오.

❸ 기업의 인사관리에서 주로 다루는 직무 분야를 이해하고 해당 직무 분야의 주요 활동에 대해서 설명하시오.

❹ 기업의 인사관리과정에 대한 접근법은 크게 '거시적 과정의 분석'과 '미시적 과정의 분석'으로 구분될 수 있는데, 이들 과정분석의 주요 특징과 내용을 서술하시오.

❺ 기업의 인사관리에서 '채용' 관리는 새로운 인적자원 확보를 위해 매우 중요한 관리과정이다. 최근 사회적으로 이슈가 되고 있는 '블라인드' 채용에 대한 주요 특징과 과정을 분석하시오.

❻ 인적자원의 합리적 관리와 공정보상을 위하여 구성원의 능력, 태도, 업적을 평가하는 것을 성과관리 또는 통상적으로 인사고과관리라고 한다. 이들 관리의 기준을 KPI라고 하는데 KPI 설정기준에 관하여 토론해봅시다.

제8장
재무회계관리

제1절 재무관리
제2절 회계관리

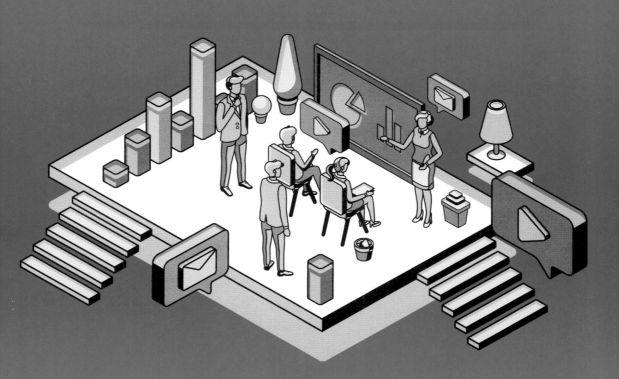

제8장

재무회계관리

Question 1

기업의 재무 상태는 현재는 물론 미래의 기업 활동과 건전성, 안정성을 나타내는 지표로 흔히 기업의 재무제표가 대표적이라고 하는데, 재무제표는 어떻게 구성되어 있나요?

제1절 재무관리

8.1.1. 재무제표(Financial Statement)

재무활동은 기업이 필요로 하는 자본을 조달하고 운용하는 활동으로 기업 가치를 극대화하기 위하여 계획·조정·통제하는 관리활동을 의미한다. 기업의 재무활동은 크게 '투자활동'인 실물자산(유동자산, 비 유동자산)에 투자하여 자금을 운용하는 활동과 '자금조달활동'인 실물자산의 투자에서 요구되는 자금을 조달하는 활동으로 구분된다.

〈표 8-1. 기업의 재무제표(재무상태표)의 사례〉

재무상태표					
	20x1	20x2		20x1	20x2
유동자산	4,400억원	4,800	유동부채	2,400억원	2,650
현금	400	550	매입채무	1,200	1,300
매출채권	2,400	2,250	지급어음	400	500
재고자산	1,600	2,000	단기차입금	300	850
비유동자산	3,600	3,700	비유동부채	2,700	2,750
투자자산	200	200	회사채	2,000	2,050
유형자산	3,200	3,300	장기차입금	700	700
무형자산	200	200	자기자본	2,900	3,100
			자본금	1,200	1,200
			이익잉여금	1,700	1,900
총자산	8,000	8,500	총자본	8,000	8,500

기업의 기본적인 재무현황을 파악하기 위한 기초적인 정보와 자료를 '재무제표(Financial Statement)'라고 하며, 회계연도 말에 기업의 재무 상태를 나타내어 기업의 '자산', '부채', '자기자본'을 요약한 보고서를 의미한다. 즉 1년 동안 기업의 재무 상태를 경영진, 구성원, 주주 및 투자자, 정부기관 등(Stake Holders)에 공개된다. 재무제표는 다음과 같은 구성요소를 가진다. 〈표 8-1〉을 구체적으로 살펴보면 다음과 같다.

1) 자산

자산은 크게 유동자산(current assets), 비 유동자산(fixed assets)으로 구성된다.

① 유동자산

1년 이내에 현금으로 전환되거나 전환될 것으로 예상되는 자산으로 기업의 영업 활동을 지원하기 위하여 일시적으로 보유한 것을 의미하며 주로 기업이 보유한 현금, 유가증권, 매출채권, 재고자산 등을 포함한다.

② 비 유동자산

현금으로 전환하는데 적어도 1년 이상이 소요되는 자산이며 주로 기업의 생산 활동에 투자되어 운용되는 자산으로서 수익성 자산으로 유형 자산(부동산, 제조설비 등), 무형자산, 투자자산, 기타 비유동자산 등을 포함한다. 순 운전자본이란 유동자산에서 유동부채를 차감한 차이를 의미하며 기업의 유동성(liquidity)은 현재 시장에서 거래되고 있는 가격으로 자산을 매각하여 현금으로 전환할 수 있는 용이성을 뜻한다.

2) 부채와 자기자본

기업의 총자산은 자기자본과 부채를 더한 것을 의미한다. 기본적인 부채를 살펴보면 다음과 같다.

① 유동부채(current liabilities)

1년 이내에 원금을 상환해야 하는 단기부채로서 매입 채무, 은행차입금, 지급어음 등을 의미한다.

② 비 유동부채(fixed liabilities)

1년 이상 원금을 상환해야 하는 장기부채로 사채, 장기 차입금 등을 뜻한다.

③ 자기자본

기업의 소유주인 주주들에게 귀속되는 주주들의 지분으로서 자본금, 자본잉여금,

이익잉여금 등을 포함한다.

Question 2

기업의 실질적인 성과를 파악하는 것은 투자자를 비롯한 구성원들에게도 매우 중요한 일인데 기업의 성과를 나타나는 손익계산서는 무엇을 의미하는지요?

8.1.2 손익계산서(Income Statement)

우선 손익계산서 또는 포괄손익계산서는 일정한 기간 동안의 기업의 영업성과를 요약한 보고서로서 기업의 수익과 비용을 나타낸다. 손익계산서를 이해하기 위해서는 손익계산서의 각 항목의 의미와 내용을 이해할 필요가 있다.

손익계산서의 '매출액(Sales Account)'는 기업의 주요 영업활동으로부터 얻은 수익으로서 상품 등의 판매 또는 용역의 제공으로 얻은 금액을 말한다. 주요 영업활동이 아닌 것으로부터 얻는 수익은 영업외수익으로 구분하며 비경상적 활동으로부터 얻은 수익은 특별이익으로 표시하고 손익계산서상의 매출액은 총매출액에

〈표 8-2. 기업의 손익계산서 사례〉

손익계산서 20x2년 1월 1일~20x2년 12월 31일	
매출액	2,600억원
매출원가	1,400
매출총이익	1,200
감가상각비	70
영업비용	350
영업이익	780
지급이자	100
법인세차감전 순이익	680
법인세(30%)	204
당기순이익	476

서 매출에누리와 매출환입을 차감한 순 매출액을 표시한다.

'매출원가(Cost of Goods Sold)'는 판매된 상품의 생산원가 혹은 구입원가를 말하며 원재료 구매 비용 및 제품 또는 서비스를 제조 생산하기 위한 일체의 비용을 의미한다. 매출원가는 '기초재고액 + 당기순매입액 – 기말재고액 = 매출원가'로 계산한다. 당기순매입액은 총 매입한 금액에서 매입 환출 및 에누리를 차감하여 구하며, 총 매입 액에는 매입 운임을 포함시켜야 한다. 국내 기업회계기준에서는 원재료를 매입 할 때의 구매처로부터 얻은 할인은 매입의 차감계정으로 보지 아니하고 영업외수익으로 처리하도록 규정하고 있다.

'감가상각비(Depreciation Cost)'는 유형·무형 자산의 사용, 시간의 경과 등으로 소모된 경제적 가치를 평가하여 비용으로 차감하는 평가적 비용을 말한다. 즉 일정한 비율로 감가상각을 처리하는 정률법과 일정 금액으로 감가상각을 처리하는 정액법 등이 있다. 구입하여 활용한 시설, 설비, 장비, 기구 등을 사용 기간으로 매년, 매월 일정 비율과 금액으로 사용한 만큼 비용으로 처리한다.

'영업비용(Operating Expenses)'은 기업이 1년간 영업활동으로 인하여 지출된 비용을 말하며 '매출원가'와 '판매비와 관리비'를 합산한 금액을 말한다. 판매에 필요한 다양한 마케팅, 영업비용을 판매비라고 하고 관리비 역시 마케팅과 영업활동을 위한 소비자 조사비용 등을 관리비라고 한다. 각 기업마다 판매비와 관리비에 세부적으로 포함시키는 항목이 다소 차이가 발생할 수 있다.

'매출원가'는 매출을 실현하기 위한 생산이나 구매 과정에서 발생된 상품과 서비스의 소비액 및 기타 경비로서, 상품구입비, 재료비 등 매출액 창출에 직접적으로 소요된 비용을 말한다. 여기서 말하는 비용이란, 매출원가, 영업비용(관리비, 판매비), 영업외비용을 의미한다. 영업이익(Operating Profit)은 기업의 주된 영업활동에 의해 발생된 이익으로 매출총액에서 매출원가와 판매비 및 일반관리비를 차감한 것을 말한다.

'경상이익(Ordinary Profit)'은 기업의 경영활동에서 경상적으로 발생하는 이익으로 영업이익에 영업외수익(수입이자 및 할인료 등)을 가산하고 영업외비용(지급이자 및 할인료 등)을 공제하여 계산한다[영업이익 + 영업외수익 - 영업외비용]. 일정 기간의 경상적 수입과 지출의 차액을 말하며, 일시적으로 발생하는 특별이익 등은 포함하지 않기 때문에 기업의 업적실태를 파악하기가 쉽다.

'지급이자(Interests Paid)'는 경영활동을 하다보면 자기자본 이상으로 기업의 규모가 확대되는 경우가 허다하다. 이러한 경우에 그 부족한 자본을 외부로부터 조달하지 못할 때에는 그 사업은 계속할 수 없게 된다. 따라서 기업을 유지하기 위하여 타인으로부터 자금을 조달하게 되는데, 이때에 발생하는 타인자본의 자본비용을 지급이자라 한다.

'법인세 차감전순손익(Income and Loss Before Income Taxes)' 매출액에 매출원가를 대응시켜 매출총이익을 계산하고, 이로부터 다시 매출 및 영업수익을 창출하기 위하여 간접적으로 소비된 판매비와 관리비를 차감함으로써 영업이익을 산출한다. 여기에 다시 영업활동과 관련이 없으나 경상적으로 발생하는 영업외수익과 영업외비용을 각각 가감하여 경상이익을 산출하며, 여기에 다시 특별이익과 특별손실을 각각 가감하면 법인세 차감전순손익이 도출된다.

'당기순손익(Net Income & Loss for the year)'은 손익계산에 있어서 당기의 총수익에서 총비용을 뺀 순액을 말한다. 순액이 플러스일 때에는 당기순이익, 마이너스 일때에는 당기순손실로서 표시되어 자본의 증감을 표시하는 것이다. 개인기업의 경우에는 직접 자본금의 증감으로 취급할 수 있으나, 주식회사의 경우에는 처분 전 이익잉여금 또는 처리전미처리결손금으로서 주주총회에서 그 처분이 행하여진다.

Question 3

기업의 실질적인 성과를 파악하는 것은 투자자를 비롯한 구성원들에게도 매우 중요한 일인데 기업의 성과를 나타나는 현금흐름표는 무엇을 의미하는지요?

8.1.3 현금흐름표(Statement of Cash Flow)

경영활동을 수행하기 위하여 현금을 조성한 내역과 사용한 내역을 요약한 보고서로서 기업회계에 대하여 보고할 때 사용한다. 즉, 현금흐름표는 일정 기간 기업의 현금 변동 사항에 대해 확인할 수 있으며, 기업은 물론 일반 가정 또는 개인이 현금흐름을 파악할 수 있다. 크게 수입과 지출을 크게 영업활동, 재무활동, 투자활동으로 구분한다. 쉽게 말하자면, 현금 자체의 흐름을 나타낸 것으로 생각하면 된다. 재무제표와 비슷하게 금액 등을 확

〈표 8-3. 현금흐름표 사례〉

현금흐름표 20x2년 1월 1일~20x2년 12월 31일		
1. 영업활동에 의한 현금흐름		396억원
순이익	476억원	
감가상각비	70	
매입채무증가	100	
매출채권 감소	150	
재고자산증가	-400	
2. 투자활동에 의한 현금흐름		-170
비유동자산 매입	-170	
3. 재무활동에 의한 현금흐름		-76
회사채 발행	50	
배당지급	-276	
지급어음 증가	100	
단기차입금 증가	50	
4. 현금 증가		150
5. 기초 현금잔액		400
6. 기말 현금잔액		550

인한 후 세부적으로 확인하는 것이 좋은 방법이다.

현금 흐름표를 작성할 때는 지출액 산출 시 결제 일자와 상관없이 소비가 일어난 시간을 기준으로 작성해야 한다. 또한 현금의 흐름 파악을 나타내는 표이므로 변동된 사항이나 유입, 유출 내용을 반드시 정확하게 표시하여야 한다. 차변과 대변의 위치가 바뀌거나, 계정과목 하나만 잘못 기재하여도 회계처리 중 문제가 발생하기도 하므로 반드시 작성 후에는 한 번 더 확인하도록 한다. 현금흐름표상 현금은 현금성자산을 포함한다. 현금성자산이란, 투자나 다른 목적이 아닌 단기적으로 현금이 필요한 경우에 대비하여보유하는 것으로 큰 거래비용 없이 현금화할 수 있으며 가치변동의 위험이 매우 낮은 자산을 의미한다. 현금성자산의 예로는 가입 당시 만기가 3개월 이내인 예금 등이 있다. 현금흐름표를 작성하는 방법은 직접법과 간접법 두 가지가 있다. 직접법은 총 현금유입과 현금유출을 주요 항목별로 구분하여 표시하는 방법이고, 간접법은 당기순손익에서 감가상각비와 같은 현금을 수반하지 않는 거래 등을 조정하여 표시하는 방법이다.

Question 4

기업이 사업목표를 달성하기 위해서 기업의 자원이 되는 '돈' 즉 자금에 관한 전략과 운영이 중요한데 재무관련 부서에서 수행하는 주요 업무와 기능은 무엇일까요?

8.1.4 재무정책과 전략

재무관리에서는 기본적으로 다음의 4가지 정책과 전략을 수립하고 이를 수행한다. 각 주요 업무를 소개하면 다음과 같다.

1) 자본 예산 정책 수립

실물자산의 투자와 관련된 예산을 수립하는 과정 즉, 투자안의 개발, 투자안의 경제성 분석, 투자안의 선택, 투자안의 조달계획 수립, 예산편성 등의 과정을 포함한다. 어떤 산업에 진출할 것이며, 어느 정도의 규모로 사업을 시작해야 하며, 어떤 유형의 설비와 기계장치를 구입할 것인가를 결정하고 이에 따른 소요 자본을 산출하고 예산 계획을 수립한다.

2) 자본 구조 정책 수립

비유동부채와 자기자본을 어떤 비율로 유지해야 기업가치가 극대화 되는가에 관한 것으로서 투자활동에서 요구되는 자본을 어떤 금융수단을 통하여 조달할 것인가를 결정하는 과정이다. 여기서 유동부채 즉, 정상적인 생산 및 영업활동을 지원하기 위하여 일시적으로 보유해야 하는 유동성 자산인 유동자산에 투자하는 단기자금의 비율과 비 유동부채, 자기자본 즉, 수익성 자산인 비유동자산에 투자되는 장기성 자본에 관한 계획을 수립한다.

3) 배당 정책 수립

경영활동을 통하여 벌어들인 현금흐름을 어떤 비율로 채권자와 주주들에게 이자와 배당으로 지급할 것인가를 결정하는 과정으로서 기업이 벌어들인 현금흐름 중 투자자에게 배분되는 현금흐름으로 배당지급의 규모, 배당 지급 결정요인, 최적의 배당수준 등을 설정한다.

4) 운전자본 정책 수립

정상적인 생산 및 영업활동을 지원하기 위하여 보유해야 하는 일시적인 자본(순운전자본=유동자산-유동부채)인 운전자본에 대한 정책과 계획을 수립한다. 매출채권의 회수, 매입채무의 상환, 판매비와 일반관리비의 지출, 단기자금의 조달등과 같은 일상적인 재무활동을 어떻게 관리할 것인가를 결정한다.

Question 5

기업의 재정 건전성과 사업 투자를 위한 자금 조달을 담당하는 재무 관리자는 어떠한 역할과 직무를 수행해야 하나요?

8.1.5 재무관리의 직무

우선 기업의 재무 관리자는 최적의 자산 구성하기 위한 자본예산정책 즉, 예산을 수립해야 한다. 최적의 자본구조 선택하는 일은 앞서 언급한 자본구조를 면밀히 살펴보고 자기자본으로 해결할지 투자 또는 타인자본으로 해결할지에 대한 전략을 수립한다. 특히 자금의 유동성을 유지하기 위하여 항상 양(+)의 순운전자본 정책을 수립해야 한다. 여기서 말하는 재무관리자란 좁은 의미에서는 재무활동을 계획·조정·통제하는 업무를 담당하는 전문 관리자(CFO)를 의미하며 자금관리부와 기획 관리부를 총괄하는 업무를 수행하며 넓은 의미에서는 재무의사결정에 직접 또는 간접적으로 참여하고 있는 모든 관리자를 의미한다. 가령 최근 자금확보를 위해 신세계 이마트는 Sales & Leaseback이라는 자금조달 방법을 사용하였는데, 사옥 또는 점포를 은행에 팔고 그 자리에 영업을 위해 월세로 전환하는 방식이다. 기업 입장에선 일단 부동산을 팔아 목돈을 마련하면서도 부동산은 그대로 이용한다는 장점이 있다. 문제는 이럴 경우 영업을 위해 각종 세제혜택을 받아 부동산을 취득하고 처분에는 상당한 이득을 볼 수 있다는 단점이 있다. 이처럼 재무관리부서는 크게 자본조달과 운용을 집행하는 단순한 업무를 담당(현금관리기능, 신용관리 기능, 자금조달기능, 회계기능을 수행하는 자금(관리)부서와 자본조달과 운용을 계획, 조정, 통제하는 업무를 담당(회계기능, 감사기능, 예산기능, 통계기능)하는 기획관리부서, 그리고 투자자에게 기업의 성과를 홍보하고 투자를 유치하는 IR(Investor Relations)부서가 있다.

Question 6

> 재무관리에서 기업의 이익극대화 및 기업 가치를 올리는 일은 재무관리 목표와 정확히 부합된다고 할 수 있나요?

8.1.6 기업의 이익 극대화

재무관리 목표의 필요충분조건은 재무의사결정 및 재무성과평가의 기준으로 이용될 수 있어야 되므로 이윤의 극대화가 중요하지만 재무의사결정의 기준으로 부적합한 이유는 이윤의 개념이 불명확 할 수 있기 때문이다. 매출총이익, 영업이익, 순이익, 주당순이익 등 기업이 추구하는 목표에 따른 재무관리 방향성이 존재하기 때문에 반드시 이윤의 극대화가 추구 목표이긴 하나 향후의 기업 가치에 반드시 옳다고 할 수는 없다. 또한 이윤의 실현시기에 따라 차이가 존재하여 수출과 무역 등을 통한 환율의 차이 및 화폐의 시간적 가치 고려해야 할 필요가 있다. 환율의 영향으로 당해연도 재무건전성이 좋아졌다가 향후에 재무건전성이 악화될 수도 있기 때문이다. 마지막으로 이윤은 불확실성의 정도에 따라 차이가 존재하는 위험이 나타날 수 있다. 따라서 재무적 관점에서 이윤극대화보다는 기업가치의 극대화를 위한 중장기적인 목표를 수립하고 달성하는 것이 바람직하다. 기업가치는 의미가 분명할 뿐만 아니라 시간적 차원과 불확실성의 차원이 모두 반영되어 있으며 기업가치의 증가는 자본시장에서 주가의 상승으로 이어지며, 주가의 상승은 결국 기업의 소유자인 주주들에게 귀속된다.

Question 7

> 회계는 '기업의 언어'라고도 불리는데 재무회계를 붙여서 통용되기도 하는 것 같습니다. 기업에서 회계는 어떻게 구분되며 무엇을 의미하는지요?

제2절 회계관리

8.2.1 회계의 개념

회계(會計, accounting)는 정보이용자들이 의사결정을 합리적으로 할 수 있도록 주로 회계실체에 관한 재무적 정보를 식별·측정·전달하는 과정이다. 기업의 자원을 합리적으로 배분하며 부기(bookkeeping)를 포함하는 기업경영의 한 분야로서 일반적으로 영리조직(영리회계, 기업회계)과 비영리조직(비영리회계)으로 구분한다. 기업의 회계는 정보 이용 주체인 내부이용자와 외부이용자에 따라 재무회계와 관리회계로 구분하고 기업의 합리적 의사결정을 위한 원가 대비 효익이 가장 큰 대안을 선택하도록 돕는 동시에 재무적 정보(financial information)를 제공하여 재무 상태와 경영성과, 현금흐름 및 자본변동에 관한 내용을 포함한다. 기업마다 회계정보시스템(accounting information system)을 갖추고 있는데 회계정보시스템은 ① 회계기록의 대상이 되는 활동을 확인하는 '식별(identification)'과 ② 대상에 대해 구체적인 화폐금액을 부여하는 과정인 '측정(measurement)', ③ 주로 재무제표를 통해 이루어지는 '전달(communication)'로 구성된다. 한편 회계를 기업의 언어(language of business)라고도 부르기도 한다.

〈그림 8-1. 회계 정보 시스템〉

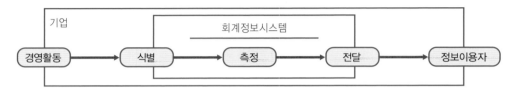

가장 기본적인 구분으로서 재무회계(financial accounting)는 기업 외부의 정보이용자가 합리적인 의사결정을 하는데 유용한 정보 제공하고 관리회계(managerial accounting)는 기업 내부 경영자의 합리적인 의사결정에 필요한 유용한 정보 제공한다. 이들 역할과 기능을 비교해보면 아래 〈표 8-4 〉와 같다.

〈표 8-4. 재무회계 vs. 관리회계의 비교〉

구분	재무회계	관리회계
주요 이용자	투자자 및 대여자 등(외부이용자)	경영자(내부이용자)
작성기준	일반적으로 인정된 회계원칙(GAAP)	특정한 기준이 없음
보고서의 성질	일반목적용 재무제표	주로 특수목적용 보고서
정보의 특성	주로 과거의 재무적 정보	재무적·비재무적 정보
보고주기	보통 1년, 6개월(반기), 3개월(분기)	필요할 때마다 수시로

Question 8

기업 회계 관리를 위한 기본적인 원칙과 기준이 존재할 것 같습니다. 정부에서도 기업 회계를 관리, 감독하고 기업 회계에 관한 정책을 실행할 것 같은데 세부적인 내용은 무엇인가요?

일반적으로 Stakeholder(주식소유자)라는 개념보다 Shareholder(주주)라는 개념이 더 넓은 의미로 활용되는데 포괄적인 의미로서의 주주는 투자자(Investors), 대여자(Lenders), 경영자, 정부기관, 소비자 등 포함한다. 이들은 기업이 발행한 지분증권(주식)에 투자한 자로서 소유주 또는 주주로서 배당, 주가가 상승, 경영참여 등의 의사결정에 필요한 정보 욕구를 가지며 대여자는 기업에 대해 법적 채권을 가지고 있는 채권자로서 이자, 원금 회수 등의 의사결정에 필요한 정보 욕구를 가진다.

기업의 경영자는 재무제표의 작성자이면서 동시에 이용자이기도 하며 경영능력의 객관적 평가와 수탁책임 이행여부를 평가 받는다고 볼 수 있다. 그밖에 금융감독원은 투자자와 채권자 보호를 위해 증권거래법 등 제반 법규 준수 여부를 감독하고, 세무당국인 국세청은 법인세의 적정한 납부여부를 기업회계보고로 판단한다. 이밖에 정보중개인(information intermediaries)이라 불리는 재무분석가는 기업의 가치를 종합적으로 평가하는 업무를 수행하고 각종 신용정보기관에서는 기업이 발행한 회사채의 신용등급에 관한 정보를 제공한다.

기업회계에서는 외부의 상충된 이해관계를 갖고 있는 다양한 정보이용자들의 공통욕구를 충족시키기 위해서는 일정한 원칙이 필요하여 회계원칙(GAAP)에 따라 정보를 제공하는데 GAAP는 오류 가능성을 최소화하고 재무제표의 기업 간 비교가능성 및 기간별 비교가능성을 높이기 위해 일반적으로 보편타당하고 합리적이라고 인정되는 일련의 회계 관습 및 회계처리기준을 의미한다. 기업은 재무제표의 작성과 공시하여

GAAP를 준수해야 한다. 이밖에 기업은 외부감사제도(external auditing) 즉, 기업의 경영자가 제공한 재무정보가 GAAP에 의거하여 작성되었는지를 독립적인 전문가가 감사하고, 그에 따른 의견을 표명함으로써 재무제표의 신뢰성을 높이고 재무제표의 이용자가 올바른 의사결정을 할 수 있도록 한 제도를 활용한다.

일반적으로 외부감사를 받아야 하는 대상은 직전 회계연도 말의 자산총액이 100억 원 이상인 주식회사가 이에 해당된다. 회계감사를 수행하는 전문가를 공인회계사(certified public accountant: CPA)라고 하며 회계감사는 재무제표가 GAAP에 따라 작성되었는지에 대해서만 검증하는 것이며 감사인으로 공인회계사는 감사결과 감사의견을 표명한다. 기업의 재무제표와 회계 기준인 GAAP에 맞게 작성되었는지 검토, 확인하고 다음과 같은 감사의견을 제공한다. 감사의견의 종류는 다음과 같다.

① **적정의견(unqualified opinion)**
재무제표가 기업회계기준에 의해 적정히 작성되었다고 판단되는 경우에 표명하는 의견

② **한정의견(qualified opinion)**
감사범위에 제한이 있었거나 재무제표가 부분적으로 기업회계기준에 위배사항이 있다고 판단되는 경우에 표명하는 의견

③ **부적정의견(adverse opinion)**
기업회계기준의 위배사항이 재무제표에 중대한 영향을 미친다고 판단될 때 표명하는 의견

④ 의견거절(disclaimer of opinion)

감사인의 독립성이 결여되었거나 감사범위가 크게 제한을 받아 감사의견을 표명할 수 없다고 판단될 때 표명하는 의견

Question 9

기업이 (국제)회계 기준을 어기고 잘못된 기업정보를 제공함으로써 사회적인 문제를 야기하는 경우가 많은 잘못된 회계정보를 제공하면 어떠한 문제가 발생하나요?

자본시장과 경영자 시장 등이 제대로 작동하는 것을 원칙으로 하는데 이는 정보생산에 따른 (한계원가 = 한계효익)이 같아지는 수준까지 정보를 제공한다. 실제로는 정보의 과소생산을 초래(외부효과, 무임승차 등)로 인한 시장실패로 이어져 국가경제를 비롯한 기업경영에 큰 손실을 막고자 규제가 필요성이 등장하였다. 우선 시장 실패의 원인을 살펴보면 다음과 같다.

1) 외부효과와 무임승차

- 외부효과(externality): 한 기업(개인)이 취하는 행위로 인하여 다른 기업(개인)에게 원가나 효익을 발생시키는 것으로 행위를 한 실체(기업 혹은 개인)는 원가를 부담하지도 않고 효익에 대한 대가를 받지도 못함
- 무임승차(free-riding): 외부효과로 인하여 기업(개인)이 효익을 받는 것
- 회계정보는 공공재적 성격을 지니고 있어 정보 판매가 곤란하며 정보를 무료로 이용하려 한다. 따라서 최적의 정보생산이 이루어질 수 있도록 규제할 필요성이 등장하게 되었다.

2) 기업경영의 도덕적 해이

- 정보비대칭(information asymmetry): 두 이해관계자 사이에 이해관계에 영향을 미치는 정보의 소유가 동일하지 않은 현상(예, 경영자와 주주 사이 정보접근성에 따른 비대칭으로 도덕적 해이가 발생하고 공정한 기회를 박탈당하게 된다.)
- 경영자의 노력이 기업소유자와 시장에 의해 전적으로 관찰될 수 없는 경우 책임 회피나 노력을 다하지 않을 수 있어 도덕적 해이가 발생한다. 주로 경영자에게 운이 좋은 상황이 전개되거나 은퇴에 가까워진 경영자의 경우에 발생한다.

3) 역선택 문제 발생

- 역선택(adverse selection): 한 사람이 어떤 정보에 대해 이점을 가지고 있으면 그러한 이점이 이용될 수 있는 상황을 선택하게 되는데 역선택은 내부자 거래와 공시 생략(지연)을 초래하게 된다.
- 내부자 거래(insider trading): 내부정보를 이용하여 초과이익을 발생시키는 기회를 이용하여 증권시장의 전반적인 시스템과 원칙을 무너뜨린다.
- 공시생략(또는 공시지연): 기업이나 자신에게 불리한 뉴스는 생략하거나 늦게 공시함으로써 좋은 기업과 나쁜 기업을 구분하기 어려워짐, 경영자의 평균적인 질을 낮아지게 하는 원인을 발생시킨다.

Question 10

기업 회계의 유형과 그 특징은 무엇인가요?

회계는 크게 재무회계와 관리회계로 분류되는데 관리회계에는 제품의 원가를 계산하기 위한 원가회계도 포함된다. 그리고 세무당국이 세금을 부과하기 위하여 사용하는 세무회계도 회계의 한 분류에 속한다.

〈표 8-5. 기업 회계의 유형과 내용〉

회계	재무회계	- 일반적으로 회계라 하면 재무회계를 가리킨다. - 재무회계는 상거래와 관련된 내역을 기록하기 위한 회계이다.
	관리회계	- 관리회계는 기업의 경영실적을 파악하기 위하여 사용하는 회계로 일반적으로 경영자가 경영성과를 판단하기 위하여 사용하는 회계이다.
	원가회계	- 원가회계는 일반적으로 관리회계에 속하며, 이는 제조업의 경우 생산하여 판매하는 제품의 원가를 산정하기 위하여 사용되는 회계이다.
	세무회계	- 세무회계는 세금부과의 기준이 되는 회계로서 기업회계를 세금의 부과기준에 맞게 바꾸는 회계를 말한다.

1) 재무회계

재무회계는 기업의 외부에 있는 이해관계자인 불특정다수인에게 기업의 재무적 정보를 제공할 목적으로 이루어지는 회계를 말한다. 따라서 이는 기업의 정보제공자와 외부의 이해관계자인 불특정다수인간에 의사소통이 되게 하는 일정한 지침이 있어야 하는데, 그 지침이 되는 것이 바로 앞서 설명한 기업회계기준인 것이다. 따라서 재무회계는 기업회계기준서에 따라 모든 회계처리가 이루어진다. 그리고 재무회계의 주요한 보고수단으로는 대차대조표, 손익계산서, 이익잉여금(결손금)처분(처리)계산서, 현금흐름표, 자본변동표, 부속명세서 등의 재무제표가 있다.

2) 관리회계

관리회계는 내부의 이해관계자인 경영자에게 보고할 목적으로 이루어지는 회계를 말한다. 이는 원가회계에서부터 발달되어 왔으며, 현재에는 원가회계를 포함하는 개념으로 사용되어지고 있다. 여기서 원가회계란 기업의 상품, 제품 등의 제조와 관련하여 들어간 비용을 산정하기 위한 회계를 말한다.

관리회계 손익분기점분석

1. 손익분기점

손익분기점이란 일정기간의 매출액과 그 매출액을 얻기 위해서 지출된 총 비용이 일치하는 시점의 매출액을 말한다. 손익분기점 분석을 위해서는 총비용을 매출액의 변동에 관계없이 일정하게 발생하는 고정비와 매출액의 변동에 비례하여 발생하는 변동비로 구분하여야 한다. 그러나 현실적으로는 모든 비용항목들이 반드시 매출액에 비례하여 발생하거나 또는 일정하게 발생하는 것이 아니므로 월별 손익계산서를 토대로 고정비와 변동비를 적정하게 분류해야 한다. 손익분기점 분석은 수입내용을 분석하고 또 손실을 발생시키지 않기 위한 최저 한계매출액을 알 수 있어 상당히 편리한 분석방법이다. 이는 한계이익, 변동비율 등을 활용하여 목표이익을 확보하기 위한 매출액 산정에도 쓰이며, 설립계획이나 신규지점 계획의 타당성 판정 등에도 유용하게 쓰인다.

2. 산출방법

> 손익분기점 매출수량 = 총고정원가(=시설비등)/판매가격 – 변동비

3. 원가를 통한 경영진단

① 고(高)고정비, 고(高)분기점형(고정비 50% 전후, 손익분기점율 90%)

이 경우는 경영이 극히 힘이 든다. 조금만 조업도가 낮아지면 곧 손실을 가져오는 소위 도산형이다. 대책으로는 대폭적인 대수술이 필요하다. 구조조정을 통한 인력정리, 유휴 유형 자산처분, 판매력 강화, 일시적으로 채권과 금리의 지급중단도 고려한다.

② 저(低)고정비, 고(高)분기점형(고정비 10% 전후, 손익분기점율 90% 이상)

이 경우는 음성적인 적자로 이미 기업으로 쇠락해간다고 볼 수 있다. 전사적인 변동의 인하책이 필요하다. 또한 품종의 정리, 한계이익이 낮은 품종의 생산중단, 규모의 축소도 때로는 필요하다.

③ 고(高)고정비, 저(低)분기점형(고정비 50% 전후, 손익분기점율 60% 전후)

이 경우는 불안요소는 없지만 적극적인 규모 확대가 바람직하다.

④ 저(低)고정비, 저(低)분기점형(고정비 10% 전후, 손익분기점율 60% 전후)

이 경우는 재정이 건전한 상태이다. 다만, 이익률이 낮으므로 이를 높이는 대책이 필요하다. 공정의 기계화, 자동화, 재료·부품의 종합적 관리가 요망된다.

3) 세무회계

세무회계는 일반적으로 기업회계기준에 따라 처리한 회계를 세법의 규정에 맞게 바꾸는 데 사용하는 회계로서 이는 기업이 일반적으로 인정되는 기업회계기준에 따라 회계처리를 하였어도 세법에서 인정하는 것과 인정하지 않는 것이 있기 때문이다. 따라서 이는 주로 세무당국에서 사용하는 회계이다. 그리고 기업회계와 세무회계의 차이를 조정하는 것을 세무조정이라고 한다.

기업회계와 세무회계의 차이 및 세무조정

기업이 기업회계기준에 따라 처리한 것을 세무당국의 세금부과기준에 맞는 내용으로 바꾸는 것을 세무조정이라고 한다. 일반적으로는 기업회계의 내용을 세무회계에서도 수용을 하나 고정자산 및 재고자산의 평가 등에서는 기업회계 기준보다는 세무회계의 규정을 실무적으로 많이 따르고 있다.

---

4) 원가회계

원가회계는 회사내 많은 다른 운영 부문의 정보와 긴밀하게 연계되어 있으며, 그 운영 부문의 정보를 활용하여 생산원가계산을 하고 그 결과를 다시 운영 부문에 Feedback하여 경영관리의 선순환을 지원한다. 원가회계는 다소 어려운 이유는 스스로 정보를 산출해내는 것이 아니라 회사 전체의 많은 운영 부문으로부터 정보를 집계하여 원가 및 수익성 정보를 찾아서 산출해 나가는 과정을 수행하기 때문에 부문 간 정보의 상호 정합성을 맞추는 것이 어렵다. 기업 전체의 통합적 관점에서 정보의 통합적 정합성이 확보되어야 정확도가 올라가고 정확한 원가가 계산될 수 있으므로 원가 담당자의 역할이 매우 중요하다. 원가회계는 회계보다는 기업의 해당 산업의 물류 흐름 및 생산 공정, 업종 및 제품특성에 대한 이해가 선행되어야 한다. 원가를 산출된 비용의 합산과 배분이라고 쉽게 생각할 수 있지만 중요한 것은 비용대비 효익, 즉 미래가치까지 판단하고 예측하는 관점(Cost & Benefit)으로 접근해야 한다.

〈그림 8-2 원가 회계의 역할과 주요 과제〉

우리가 생산 또는 구매한
재고자산과 매출원가는
얼마인가?

시장경쟁력을 고려한
제품과 서비스 가격은
얼마로 결정해야 하는가?

제품의 원가는 얼마이며,
원가 구성은 어떠한가?

고객별, 제품별, 채널별,
조직별 수익성은 어떠한가?

QUIZ

소속 ....

성명 ....

❶ 기업의 당해 연도 말에 재무 상태를 나타내어 기업의 '자산', '부채', '자기자본'을 요약한 보고서를 의미하는 재무제표의 구성요인을 설명하고 각각의 요인이 무엇을 의미하는지 서술하시오.

❷ 일정한 기간 동안의 기업의 영업성과를 요약한 보고서로서 기업의 수익과 비용을 나타내는 손익계산서의 주요 구성요인을 설명하시오.

❸ 기업이 경영활동을 수행하기 위하여 현금을 조성한 내역과 사용한 내역을 요약한 보고서인 현금흐름표의 주요 구성요인과 각각의 내용을 설명하시오.

❹ 기업이 이익을 극대화하기 위해서는 가장 중요한 것이 기업의 제품 또는 서비스를 판매하여 매출을 증대시키는 것이다. 하지만 최근 모든 기업들은 매출의 중요성 뿐 아니라 순이익의 증가를 목표로 한다. 순이익을 증가시키기 위하여 기업이 취할 수 있는 경영활동은 무엇이 있는지 토론해보자.

❺ 기업의 '재무회계'와 '관리회계'의 개념을 설명하고 각각의 해당 유형과 주요 특징을 비교하여 설명하시오.

❻ 기업이 국제회계기준을 따르지 않고 발생할 수 있는 회계의 부정 활동의 유형과 각 내용을 설명하시오.

❼ 관리회계에서의 손익분기점의 개념과 산출방법을 설명하시오.

❽ 세무회계와 원가회계의 개념을 설명하고 각각 특징을 설명하시오.

제9장
글로벌 경영

제 9 장

글로벌 경영

Question 1

1970년대 이후로 지금까지 자원이 부족한 우리나라 경제의 원동력은 '수출'이라고 할 수 있습니다. 지금도 반도체 수출국가로 이름을 알리고 있는데요. 기업경영의 궁극적인 목표는 글로벌화를 지향하는 것이라고 볼 수 있는데 글로벌 경영에서 학습하는 것은 무엇일까요?

제1절 수출과 무역

9.1.1 국제 통상의 이해

국가 경쟁력이란 '기업의 경쟁력을 높이는 국가의 총체적인 능력'을 의미한다. 즉, 기업이 다른 나라의 기업들과 세계 시장에서 경쟁하여 이길 수 있는 국가의 총체적인 능력을 뜻한다. 이러한 측면에서 기업의 경쟁력에 관한 요인은 다른 국가와 경쟁에서 이길 수 있는 역량이며 국가 경쟁력은 곧 기업의 국제 경쟁력으로 인식되어 왔다.

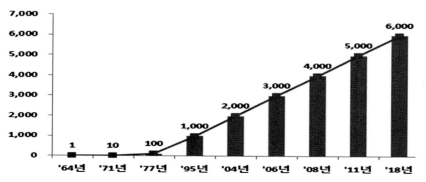

〈그림 9-1. 대한민국 총 수출액 규모 추이〉

〈출처: 산업통상자원부, 2018〉

　〈그림 9-1〉에서 볼 수 있듯이 우리나라의 국가 경쟁력은 1970년대 이후 지금까지 줄곧 수출 경쟁력을 의미해왔으며 개별 기업들의 수출 경쟁력은 국가 경쟁력을 판단하는 척도처럼 다루어지고 있다. 총 무역액은 2018년 말 기준 1조1404억6000만 달러로 사상 최대를 기록하고 있으며 이에 따른 무역수지 흑자는 704억9000만 달러 규모로, 10년 연속 흑자 기록을 이어가고 있다. 경영학의 한 분야인 글로벌 경영에서 학습하는 주요 내용 중의 비중 있게 다루는 것이 바로 무역과 수출이다. 무역과 수출 활성화를 촉진시키기 위한 다양한 국제통상 이론을 학습하고 동시에 국제통상 환경에 영향을 미치는 요인들을 학습한다. 대표적인 국제무역 및 통상과 관련된 이론을 살펴보면 다음과 같다.

〈표 9-1. 주요 통상 및 무역에 관한 이론〉

구 분	주요 내용
절대우위론	각국이 생산에 있어서 절대적 우위를 가진 제품의 생산에 특화하고 이러한 재화를 다른 나라에서 특화되어 생산된 제품과 교환함으로써 전제적인 부의 증대가 가능하는 이론
비교우위론	다른 국가의 생산 대비 절대 우위에 있는 재화가 존재하지 않더라도 상대적으로 효율성이 높은 재화의 생산을 전문화하고 이를 다른 국가와의 무역에 활용함으로써 해당국가 모두에게 이익이 발생한다고 주장하는 이론

헥셔-오린이론	노동과 자본에 있어 부존자원의 양이 국가마다 서로 다르며 특정 생산요소를 더욱 풍부하게 보유할 경우, 그 국가에서는 그 생산요소의 가격이 상대적으로 다른 나라에 비해 낮기 때문에 각국은 그 나라에 상대적으로 풍부하게 존재하는 생산요소를 보다 집약적으로 투입하여 생산한 재화에 대해 비교우위를 창출할 수 있으며 이러한 비교우위를 갖는 재화의 생산을 특화함으로써 생산성을 높일 수 있다는 이론
무역규제	각국 정부는 자국의 산업을 보호하기 위한 무역규제를 시행하고, 정치적인 이유로 인한 보호무역주의적인 정책을 전개하기도 한다. 또한 자국국민들의 보건 또는 건강보호를 위한 일부 무역규제를 시행하기도 하며 인권보호를 위한 규제를 한시적으로 정책적으로 시행하기도 한다.

Question 2

국제통상에서 최근에 미중 무역 분쟁을 비롯한 우리나라 제품에 대한 일본의 수출규제도 지속되는 것으로 알고 있는데요, 기업경영에 있어 무역규제에 관한 다양한 해결책 마련이 필요할 것 같습니다. 무역규제의 해결할 수 있는 기업이 할 수 있는 방법들은 무엇일까요?

9.1.2 무역 규제

국가 간 무역 분쟁이 발생하지 않는 것이 좋지만 정치, 경제, 사회 및 문화적 이슈로 인해 분쟁이 발생할 경우 우리 기업들은 해당 국가에 품목별 예외신청, 상품의 품목 분류 재고, Tariff Engineering을 통한 합법적인 원산지 변경, 기업의 생산기지를 관세가 없는 나라로 이전하는 등의 방법을 고려해볼 수 있다. 무역 분쟁과 규제에 관한 주요 정책 용어를 학습하여 기본적인 국제통상을 이해하는 것이 바람직하다.

<表 9-2. 무역규제정책에 관한 주요 용어>

주요 용어	주요 내용
관세	수입상품에 부과하는 세금으로서 국제무역을 규제하고자 할 때 사용하는 가장 오래된 형태의 정책 수단(미중 무역 분쟁)
보조금	정부가 자국의 생산업자에게 제공하는 일방적인 특혜로 주로 농업부문 등 각국의 기초산업에 흔히 적용된다.
수입할당 (Quota)	자국으로 수입되는 재화의 총량을 제한하는 규제방법
현지화비율규정 (Local Content Regulation)	해외생산 시 재화의 일정비율을 현지에서 생산되는 부품 또는 원자재로 사용할 것을 강제하는 규정
행정절차규제 (Administrative Trade Policies)	수입상품이 자국에 들어오는 것을 어렵게 하기 위해 행정적으로 만들어 놓은 사실상의 무역장벽(일본의 반도체 원자재 규제)
환율조작	정부가 정상적인 시장가격보다 낮은 고환율정책을 채택할 경우 이는 수출가격을 낮추는 반면, 수입가격을 높이는 효과가 있기 때문에 최근에는 일종의 보호무역 정책의 중요한 도구로 활용

Question 3

기업이 세계 시장을 상대로 글로벌 경영을 추진하기 위해서는 각국의 문화, 제도 등 다양한 환경적인 변수가 많을 것 같습니다. 이러한 환경적 변수를 인식하고 전략을 수립하기 위해 사전에 알아야 할 내용은 무엇일까요?

제2절 글로벌 경영이론

9.2.1. 홉스테드 모형

기업이 자국시장이 아닌 세계시장을 상대로 제품 또는 서비스를 제공하기 위해서는 진출하고자 하는 해당국가의 정치, 경제, 사회, 문화 등 다양한 차이점을 사전에 인지하고 준비해야 한다. 특히 해당국가 시장의 소비자에 대한 이해가 높아야 함은 당연하다. 이를 위하여 각국의 문화적 차이를 분석하고 문화차원을 이해하는 척도로써 현재까지 유용하게 활용되고 있는 것이 바로 홉스테드 모형이다.

〈표 9-3. 홉스테스 문화적 차이 모형〉

구 분	주요 내용
권력 거리 지수 (power distance index)	권력 거리란 조직이나 단체(가족과 같은)에서 권력이 작은 구성원이 권력의 불평등한 분배를 수용하고 기대하는 정도
개인주의-집단주의 (individualism vs. collectivism)	개인들이 조직이나 단체에 통합되는 정도로서 개인주의적 사회에서는 개인적 성취와 권리를 강조
불확실성 회피 지수 (uncertainty avoidance index)	불확실성과 애매성에 대한 사회적 저항력으로 사회 구성원이 불확실성을 최소화함으로써 불안에 대처하려고 하는 정도를 반영
남성성-여성성 (masculinityvs. femininity)	성별 간 감정적 역할의 분화로서 남성적 문화의 가치관은 경쟁력, 자기주장, 유물론, 야망, 권력과 같은 것을 중시, 여성적 문화에서는 대인관계나 삶의 질 같은 것을 보다 높게 평가
장기 지향성-단기 지향성 (Long term orientation vs. short termorientation)	유교적 역동성이라는 이름이었던 LTO는 사회의 시간범위를 설명하고 장기 지향적인 사회는 미래에 더 많은 중요성을 부여함

〈그림 9-2. 홉스테드 모형에 따른 국가별 문화적 차이〉

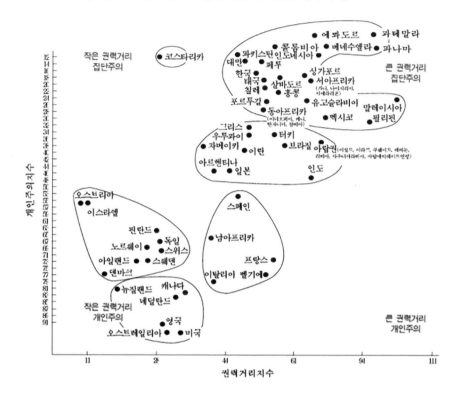

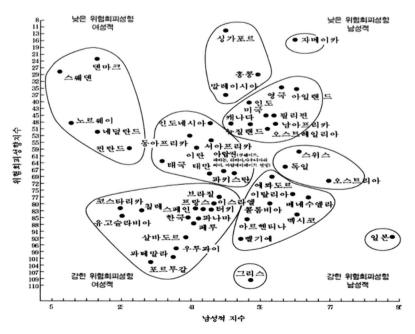

9.2.2. 홀의 모형

문화를 분석하는 모형에는 크게 홉스테드(Hofstede)의 홀(Hall), Globe, 클러스터(Cluster) 접근 등의 모형이 있다. 홀의 모형은 각국의 문화를 맥락적 접근 방법(Context approach)을 활용하여 분석하고 있다. 크게 '저(低)맥락 문화'와 '고(高)맥락 문화'로 구분하고, 각국의 문화를 분석하였다. 저(低)맥락 문화에서는 정보가 구체적인 대화/서면을 통해 교환되고 법률적인 서류가 보다 중요하다. 조직에서 책임소재는 실무자에게 있고 개인주의 성향이 강하다. 고(高)맥락문화에서는 정보가 신체적 배경, 개인에 내부화되어 있다. 법률적인 서류에 뭐라 적혀 있어도 상위 직책자의 의도대로 움직인다. 이러한 문화를 모두 인식하고 있기 때문에 실수나 잘못된 일에 관한 책임은 실무자가 아닌 최고위 경영진에서 진다. 즉 전체주의 성향이 강한 문화로 해석한다.

〈그림 9-3 홀의 문화적 차이 분석 모형〉

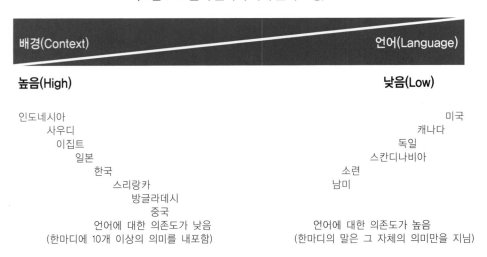

Question 4

기업이 해외로 진출함에 있어 다양한 추진방법이 존재하는데 해당 국가의 문화차이를 분석했다면 그밖에 어떠한 내용을 알고 있어야 하나요?

9.2.3 국제화 및 다국적 기업

우선 국제화 및 다국적 기업의 의미를 이해할 필요가 있다. 국제화란 특정국가에 거점을 두고 있는 기업이 대상시장 또는 경영활동의 범위를 해외시장으로 확대시켜 나가는 과정을 의미한다. 기업과 국가의 경제활동이 세계의 여러 나라로 확대되어 가는 과정이며 국경을 초월한 경제활동의 지리적 확장, 국민경제를 기본단위인 국가를 바탕으로 정치, 경제, 문화, 사회적인 접촉, 교류가 증대되는 현상을 의미한다. 반면에 글로벌 기업들은 다음과 같은 동기로 세계 시장을 진출하며 국제화를 넘어선 세계화를 추구하고 있다. 세계화를 이루고자 하는 기업들의 동기는 다음과 같다.

〈표 9-4. 다국적 기업의 세계화 목표〉

추구 목표	주요 내용
소비의 글로벌화	식/음료의 경우에도 코카콜라, 맥도날드 햄버거 등은 다른 나라 음식이라기보다는 글로벌화 된 상태의 음식으로 생활 속에 자리 잡음.
글로벌 보편화	국가를 초월한 범세계적인 약속이나 규범, 대표적으로 국제회계기준(IFRS)이 2011년도부터 상장법인에 대해 한국채택국제회계기준(K-IFRS) 의무 적용.
지역경제통합	자유무역협정(FTA)을 통한 지역별 경제통합으로 안정적인 통상을 추진하고 자국에게 유리한 환경 조성.
정보화 혁신	글로벌 시장 접근은 정보화를 통한 비용 절감으로, 세계시장을 통합 관리하는 것이 가능. 물류비용은 있지만 ICT 발달로 기업의 활동영역을 확장시킴.

여기에서 다국적 기업은 국제화를 넘어 다국적 주의에 의해 세계화로 옮겨가는 과정에서 출현한 기업으로 국가의 국경을 넘어 생산과 마케팅을 확대하고 있는 외국에 자회사를 지닌 기업으로 2개국 이상의 국가에서 생산, 분배, 판매, 기타 활동을 영위하고 지배하는 기업을 말한다.

다국적기업들의 성장 단계별 과정을 요약해보면, 첫째, 기업의 국제화는 갑자기 이루어지는 것은 아니고 점진적인 발전과정을 거쳐 추진된다. 둘째, 기업의 국제화 추진은 마케팅 기능의 내부화 등 시장 내부화의 경험이 중요한 역할을 한다는 것이다. 이는 국내외 시장의 기업경쟁력을 말하며, 기업의 국제화 추진에 중요한 결정요인이다. 셋째, 기업의 내부요인으로서 최고경영자의 성장의지가 중요한 역할을 한다. 이는 최종적인 결정권한을 가진 최고경영자가 기업의 국제화 추진에 얼마나 관심과 의지를 가지고 사업수행을 하느냐의 문제이다. 다국적기업의 장점은 글로벌 시장 대상 사업을 위해 해외직접투자를 통한 다국적 기업 운영으로 규모의 경제 효과를 극대화, 자국 내 부족한 자원 확보 이점이 있으나 법, 제도, 문화가 다른 나라에서의 사업영위로 인한 비용 부담이 증가된다는 단점이 존재한다.

Question 5

기업이 해외로 진출하기 위해서는 어느 정도의 직접적인 또는 간접적인 투자가 필요하다고 판단되는데, 해외 투자에 관한 연구는 어떠한 것이 있을까요?

9.2.4 절충이론

우선 기업의 해외진출을 위해서는 해당 국가에 대한 투자가 기업의 글로벌 전략에 따라 실행되는 것이 중요하다. 이에 해외 진출을 목적으로 한 투자에 관한 이론들이 보고되었는데, 이중 몇 가지를 소개하면 다음과 같다.

절충이론은 더닝이라는 학자가 탐색한 것으로 기업의 해외진출을 위해서 해외직접 투자가 이루어지려면 기업특유의(독점적) 우위요소(O)와 입지특유의 우위요소(L), 내부 화우위요소(I)를 모두 동시에 고려해서 결정된다는 주장이다. 해외직접투자가 이루어 지려면 외국기업으로서의 불리함(외국인현지고용비용 등)을 극복하고 현지에서 경쟁해 나 갈 수 있는 기업특유의 독점적 우위가 존재해야 하는데, 이를 외부시장에 판매하는 것보다 내부화하는 것이 유리할 때 기업은 라이센싱 방식을 포기하고 수출이나 해외 직접투자 방식을 선택한다. 해외로 이전하여 생산하는 것이 국내 생산방식보다 유리 할 때, 즉 입지특유의 우위가 있을 때 수출 대신 해외직접투자를 선택하게 된다는 것 이다.

이러한 그의 주장이후에 기업특유의 우위요소를 자산우위와 거래우위로 구분하였 는데, 가장 성공적인 다국적기업은 자산의 독점적 우위와 거래의 독점적 우위를 가 장 잘 발전시키고 활용하는 기업이라고 주장했다. 절충이론에 앞서 독점적 우위이론 은 독점적 우위요소만 있으면 해외직접투자가 가능하다고 보았지만, 실제적으로 수 출 혹은 라이센싱이라는 대안이 있기 때문에 충분한 설명을 할 수 없다. 또한 관련하 여 내부화우위이론은 기업의 자원과 역량을 해외진출에 있어 내재화하여 외부시장 에 판매함으로써 기술유출을 막을 수 있기 때문에 해외직접투자가 가능하다고 보는 관점이지만, 아직 수출이라는 대안도 있기 때문에 역시 충분한 설명이 되기는 어려운 점이 존재한다. 하지만 절충이론은 이 독점적 우위론과 내부화이론에 지역특유우위 를 더함으로 완벽하게 기업이 해외직접투자를 하는 이유를 설명하는데 적합하였다. 해외직접투자를 결정하는 세 가지 요인, 기업특유우위, 입지우위, 내부화우위는 일정 한 것이 아니고 국가별, 산업별, 기업별로 다르며 시간의 흐름에 따라 변화하는 동태적인 특징을 가지고 있기 때문에 절충이론 역시 한계를 포함하고 있다.

Question 6

기업의 글로벌화, 세계화는 더 이상 미룰 수 없는 경영과제가 되었습니다. 국내에서의 생산한 제품 또는 서비스로 세계 시장을 상대로 진출하기 위해서 어떠한 전략을 수립하는 것이 좋을까요?

제3절 진출 전략 및 전략적 제휴

9.3.1. 진출 전략

기업이 해외시장 진출에 있어 다양한 방법과 전략이 존재한다. 하지만 대부분의 기업이 처음부터 해당 국가에 직접적인 투자(Foreign Direct Investment)로 진출하는 경우는 거의 없으며 우선 해당 시장에 대한 제품 또는 서비스의 직간접적인 수출, 해당 국가 시장의 라이센스 확보 또는 프랜차이즈 형태로의 합작투자를 수행하거나 직접적인 생산계약을 체결하고 직접투자에 나서는 방식으로 진출하고 있다. 반면, 독자적인 역량을 갖춘 경우에는 직접적인 생산 공장을 설립하여 판매 유통에 나서는 경우도 있다. 그 사례로서 국내에서는 풀무원이 중국에 진출할 때 북경 인근에 직접적인 생산 시설을 해당 지자체로부터 허가를 얻어 고용을 담보하고 직접 진출한 사례도 존재한다. 이처럼 기업의 경쟁력 지수 또는 우위에 따라 기업 내부적으로 진출관한 구체적인 전략을 수립하고 연구한다. 간접적으로 해당 국가에 수출 또는 무역거래로부터 시작하는 경우, 일반적으로 전문상사, 수출 대행업체, 외국 유통기업, 해외 바이어 등에 의존하여 제품 또는 서비스를 해당 시장에 소개한다. 이 경우에는 비용/위험성이 줄어든다는 것이지만 단점은 중간상이 끼니만큼 이익이 적고 현지 시장의 정보를 거의 획득하지 못한다거나 자사 제품이 해외에서 어떻게 판매되든 통제를 못한다는 점을 고려해야 한다.

간접수출이 아닌 직접수출로써 판매 대리인, 현지 유통업자 또는 판매지사 및 법인을 설립하여 진출한 경우에는 간접수출과 비교했을 때 비용과 위험이 크다는 것이 단점이지만 장점으로는 현지 마케팅 활동을 통제할 수 있고 현지 시장 정보를 획득할 수 있으며 기업의 브랜드 등 유·무형자산을 효과적으로 보호할 수 있다. 따라서 직접수출인 경우 간접수출에 비해 매출 규모가 크고 해외 시장 개척 의지가 확고한 경우에만 적합한 방법이라고 할 수 있다.

Question 7

기업이 해외시장으로 진출할 때 흔히 활용하는 방식에 직간접적인 판매보다는 해외 파트너들과의 협업을 통해 불확실성으로 인한 위험성을 줄이는 방법을 사용하는데, 이중 대표적인 것이 전략적 제휴를 맺기도 합니다. 해외 진출 전략에 있어 전략적 제휴는 어떠한 경우에 체결하는 것이 좋을까요?

9.3.2. 전략적 제휴

일반적으로 전략적 제휴(Strategic Alliance)는 경쟁관계에 있는 기업이 일부 사업 또는 기능별 활동분야에 있어 경쟁기업과 일시적이고 한정적인 부분에서 협력과 협조관계를 맺는 것을 의미한다. 국내에서는 ICT 정보통신업체인 SK텔레콤이 2005년 미국통신시장에 진출할 때 미국 조지아 주 아틀란타에 본사를 두고 있는 Earthlink라는 인터넷 업체와 50:50으로 합자법인인 Helio를 설립하고 경영과 마케팅, 유통 영업부문은 미국 측에서, 통신설비운영과 네트워크 및 단말기 서비스 등은 SK텔레콤에서 담당하여 진출한 사례가 있다. 이처럼 반드시 경쟁관계는 아니지만 전략적인 제휴관계를 통해 현지 시장에 진출하는 사례는 적지 않다. 전략적 제휴의 유형은 〈그림 9-4〉를 참조하기 바란다.

〈그림 9-4. 전략적 제휴의 유형〉

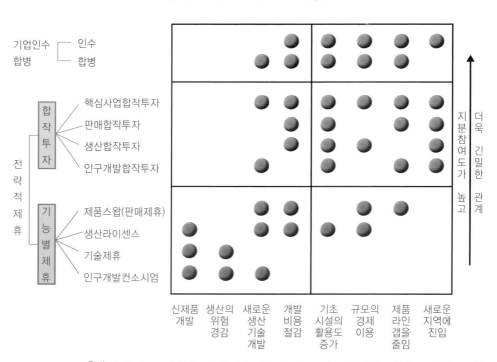

출처: J. Bleeke and D. Ernst, *Collaborating to Compete*, John Wiley & Sons, 1993, p. 60.

국가 간 기업들의 전략적 합자의 경우는 크게 다음과 같이 구분해 볼 수 있다.

- 계약형 합작투자

- 소유형 합작투자

- 국제기업과 현지정부기관 또는 공기업과의 합작투자

- 현지국 사기업과의 합작투자

- 제 3 국 기업과의 합작투자

- 자본적 및 비 자본적 합작투자

Question 8

다양한 방법과 방식을 통해 진출하고자 하는 해당 국가의 기업들과 전략적 제휴맺게 되었을 때 해당 국가의 파트너를 선정할 때 기준은 무엇인가요?

9.3.3. 파트너 선정

전략적 제휴 파트너를 선정할 때 다음과 같은 점에 유의할 필요가 있다.

〈표 9-5. 전략적 제휴 파트너 선정 시 고려사항〉

구분	주요 내용
양립성 (compatibility)	-당사자들의 전략, 경영관리시스템, 기업문화, 조직이 유사 - 지역 및 사업의 중복이 없을수록 보다 성공적임 - 현존하는 제휴 네트워크 파악
보완성 (Capability)	- 파트너가 갖고 있는 핵심역량이 서로 보완적 - 강자끼리의 제휴가 성공적임(비슷한 수준의 핵심역량)
몰입성 (commitment)	- 제휴에 적극적으로 투자하려는 의지와 관심 - 50 : 50 의 동일비중의 제휴가 보다 성공적임

그밖에 유의할 사항은 전략적 제휴는 본래 단기적인 것이므로 모든 역량과 자원을 투입해서는 안된다. 제휴는 대부분 한 회사가 다른 회사를 인수함으로써 종료되기도 하며 성공적인 제휴는 파트너로부터 자신의 약점을 보완하고 장점을 강화시키는 학습능력에 좌우되기도 한다. 또한 성공적인 제휴는 조직 전체적으로 제휴에 임하는 것이 필요하다. 일련의 학자들은 파트너선정 결정요인으로 기업의 능력, 양립가능성, 몰입도 등을 강조하였다(De la Sierra, 1995). 또 다른 부류의 학자들은 기업특성들의 조화, 상호보완성, 문화, 몰입도 등을 강조하기도 하였다(Wildeman, 1998). 최근의 연구에서는 상호보완적인 스킬, 시장지위, 파트너기업의 재무상태, 경영철학, 규모 등을 강조하기도 하였다(Murphy and Kok, 2000).

QUIZ

소속 ....

성명 ....

❶ 우리나라는 수출 중심의 경제체계를 1970년대 이후 줄곧 유지하고 있다. 이와 관련하여 주요 통상 및 무역에 관한 이론 4가지를 정리하고 각각의 주요 특징에 대하여 서술하시오.

....

....

....

....

....

....

....

....

....

....

....

....

....

....

❷ 최근 미국과 중국의 무역 분쟁으로 인한 글로벌 경제 체제에서의 무역 규제에 관한 관심이 높다. 각종 무역규제 대한 용어를 정리하고 각각의 특징을 기술하시오.

❸ 글로벌 경영에서는 각 나라의 문화적 차이를 이해하는 것이 가장 기초적인 부분이다. 홉스테드의 문화적 모형에 대해서 설명하고 각각 주요 특징을 설명하시오.

❹ 기업의 목표를 달성하기 위해서는 글로벌 지역으로의 진출이 필수적이다. 이러한 글로벌 지역의 진출을 위해 전략적으로 활용되는 절충이론에 관하여 서술하시오.

⑤ 기업이 글로벌화를 추구하기 위하여 해당 국가의 기업들과 전략적 제휴를 체결하는 경우가 빈번해지고 있다. 전략적 제휴를 체결하는 주요 목적 2가지와 전략적 제휴를 추진하는 유형에 대해서 설명하시오.

❻ 기업이 해외 국가의 파트너와 전략적 제휴를 선정할 때 고려되는 특성에 대해서 각각의 주요 내용을 기술하시오.

제10장
기업 전략과 혁신

제1절 비전과 미션
제2절 전략기획과 경영계획
제3절 기업혁신과 인공지능

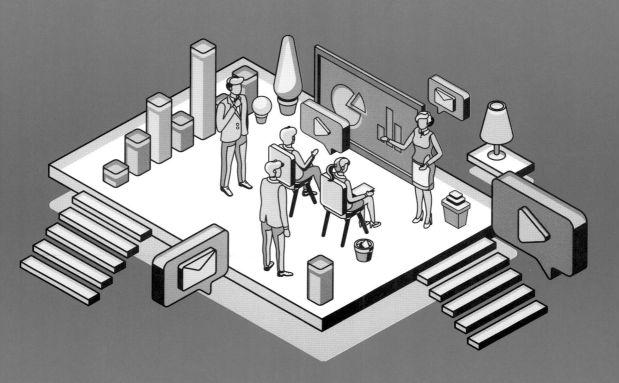

기업 전략과 혁신

Question 1

기업이 지향하는 목표와 방향성은 주로 어떻게 표현되고 어디에 나타나고 있나요?
기업의 홈페이지를 보면, 비전과 미션이라고 표현되어 있던데요. 이것은 무엇인가요?

제1절 비전과 미션

10.1.1. 기업 비전의 개념

기업의 비전(VISION)은 공유가치와 중장기전략을 함께 수립하며 기업에 따라 미래상과 사업 Portfolio를 포함하는 것으로 해당 기업이 속해있는 산업 및 기업 특성에 따라 목표제시형과 역할제시형으로 나눌 수 있는데 다수 기업이 역할제시형을 선택하고 있다. 비전은 조직별 사업전략과 연도별 경영계획의 기준이 되고 세부과제, 인력계획, 경영혁신 추진의 근거인 방향성과 함께 전체적인 기업의 추구목표를 담고 있다.

〈그림 10-1. 기업 비전의 유형별 사례〉

인프라산업 Global Top 10 2010 매출 10조, 이익율 10%	VISION 2020 Inspire the World, Create the Future
2010 VISION 평생회원 1천만명, 문화지식산업 1위	Global Payment Service Provider
VISION 2020 Global Top 10 (자기자본 15조, 매출 10조)	세계 초일류 금융회사로의 도약
미래 목표 제시형 VISION	방향 및 역할 제시형 VISION

기업비전은 기업이 추구하고자 하는 사회적 공유가치를 잘 표현하고 임직원, 구성원, 주주 등 이해관계자들이 모두 공감하고 수용할 수 있도록 하되 산업과 업종에서 최종소비자에게 차별적 가치를 부여할 수 있도록 하는 것이 가장 중요한 항목이다.

10.1.2. 기업 비전과 미션 사례

비전과 미션은 대부분의 기업이 1가지를 선택적으로 수립하거나 MISSION을 하위로 정립하는 경향이 강하나, 국내 식품 대기업 중의 한곳은 실천적인 의지를 더욱 강조하기 위해 미션을 최상위개념으로, 비전을 하위개념을 설정하였다.

〈그림 10-2. 자동차 타이어 기업의 비전과 미션 구성 사례〉

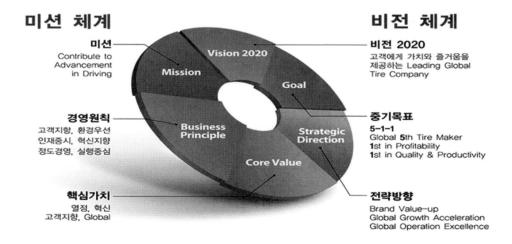

기업에서 비전과 미션을 개발할 때는 다음과 같은 단계와 조사를 거쳐서 개발하게 된다.

〈그림 10-3. 비전과 미션 개발 단계〉

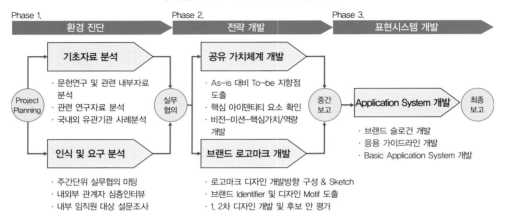

그밖에 공공기업이나 정부투자기관은 대부분 VISION 수립을 하지 않고 경영방

〈그림 10-4. 공공기관의 비전과 미션 구성 사례〉

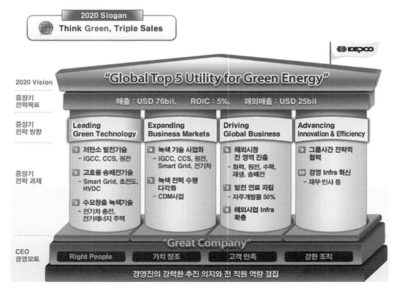

〈출처: 한국전력 홈페이지〉

침, 전략목표로 대체하지만, 한국전력은 시장의 변화에 맞춰 친환경 에너지 대표기업을 표방하고 'VISION 2020'을 수립하여 Profit Creation/ Change & Innovation/ Customer Respect 의 Core Value까지 체계화 구축한 사례도 있다.

비전은 전체적인 기업의 공유가치를 표방하지만 미션과 목표부터는 구체적으로 공유가치를 달성하기 위한 과제 및 전략을 표현하므로 정량적인 수치와 정성적인 성과를 함께 표현하는 것이 일반적이다. 정량적인 수치가 나타나지 않으면 구성원과 주주가 공유가치 달성과 핵심과제를 혼란해 할 수 있고 정확한 목표를 달성하기 위한 기준에서 벗어날 수 있다.

Question 2

기업에서 경영목표를 달성하기 위해서 매년 경영계획을 수립하는데 이때 기획부서의 역할은 무엇이고 어떻게 계획을 수립하나요?

제2절 전략기획 및 경영계획

10.2.1. 기획이란

기업경영에서 기획은 어떠한 일을 계획(planning)하는 것을 말하는 것으로, 주로 조직 관리에서 쓰이는 용어이지만 최근에는 기업경영 전반에 걸쳐 활용하고 있다. 그 중에서도 기업에서 '전략기획'이라 부르는 직무를 보면 기업 전체부터 작게는 사업부의 한 파트(마케팅 파트, 품질관리 파트 등)까지 포괄하는 조직적인 비전을 위한 전략적 목표를 세우고 그 실현을 위한 방안을 수립하며 실천계획을 점검하는 일이다. 전략기획에서 주로 수행하는 경영계획에는 매출, 이익 예상이 포함되며, 단기적/장기적 계획 모두 수립된다. 모든 목표는 기업의 각 담당부서에서 올라오는 정량적/정성적 목표와 실적, 전략, 경영진의 요구사항 등을 기반으로 수립하게 되며 기업 내부에서는 핵심역량으로 취급을 받는 것이 일반적이다. 전략기획은 기본적으로 사업부나 기능부서가 나누어져 있을 때 이들을 하나로 통합하고 설정된 목표를 효과적, 효율적으로 달성하는 것을 목표로 한다.

기업의 전략기획 조직은 무엇보다도 그 조직의 자율성과 독립성을 가지고 있어야 한다. 자율성을 가지고 있지 못하여 외부로부터 간섭을 받는다고 하면, 객관적이거나 과학적인 연구와 분석을 수행하기 어렵다. 또한 전략기획은 재정적인 자치성이 필요할 수 있다. 인력운영과 전략과제수행을 위한 재원을 확보하고 이에 대한 예산편성이나 예산집행에 있어서 자율적 규칙을 가지고 투명성과 책임성을 확보할 수 있는 시스템을 구비하고 있어야 한다. 성과물을 다양한 형태로 발간하여 소통하여 과제의 설정과정이나 검증평가과정에 영향을 미칠 수 있어야 한다. 즉 결과물을 보고서 형태로 경영진에게 직접보고하고 기업내부에 주요 핵심사항을 전달하며 주주와 이사회, 언론미디어에 효과적으로 마케팅도 할 수 있어야 한다.

Question 3

기업 경영은 목표 달성을 위한 매년 경영계획을 수립하는데 주로 경영계획에는 어떠한 내용이 담겨야 하고 수립하는 절차 또는 단계는 무엇인가요?

10.2.2. 경영기획과 수립절차

기업의 경영계획은 매년 수립하며, 중장기계획은 3년 또는 5년 단위로 수립하는 것이 일반적이다. 반드시 수립시기를 정해놓지는 않지만 대략 2/4분기에 수립된 경영계획의 달성여부를 상반기 성과분석을 통해 시행하고, 3/4분기에 차 년도 경영계획의 기초 작업을 시행한다. 경영계획은 단지 매출증가 목표뿐 아니라 이익, 해외진출, 신규사업, 제품과 서비스개발과 인프라 증설 내용 등 모든 것이 포함되므로 전략기획부서에서 전체적인 윤곽을 잡고 각 해당부서의 도움을 받아 총괄적으로 작성한다. 다음은 기업의 경영계획 수립에 관한 일반적인 절차이다.

〈그림 10-5. 경영계획 수립절차〉

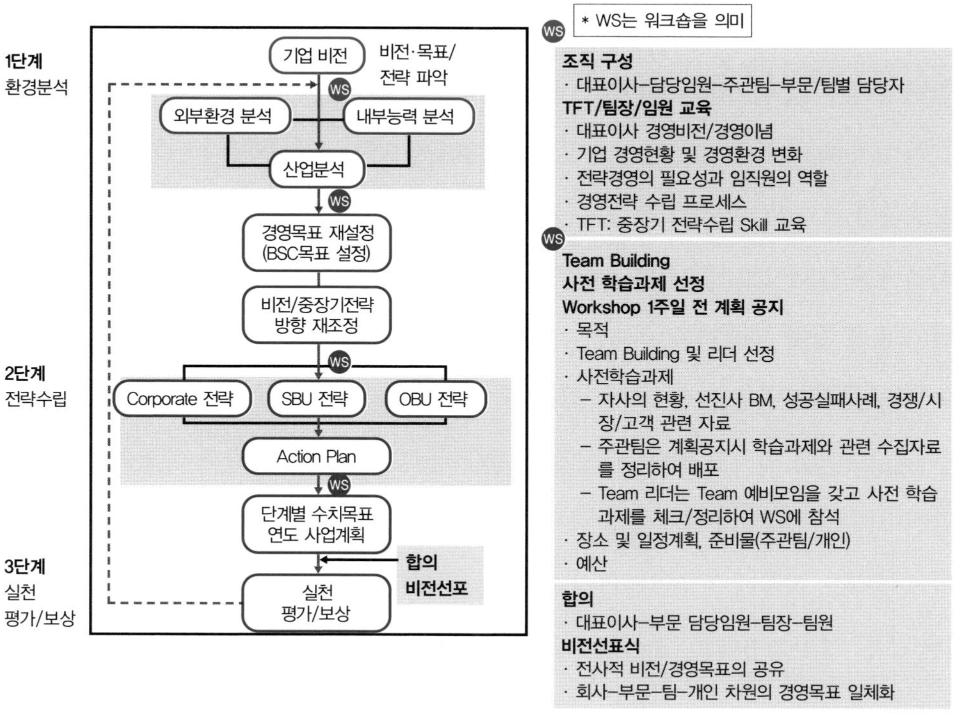

Question 4

최근 기업을 둘러싼 내·외부 환경의 급격한 변화에 선제적으로 대응하고자 기업을 비롯한 정부, 기관, 단체 등에서 '혁신'이라는 용어가 자주 등장합니다. 기업 경영에 있어 '혁신'은 무엇을 의미하나요?

제3절 기업혁신과 인공지능

10.3.1. 혁신이론

일본의 닛케이비즈니스지가 100년간 일본 100대 기업의 수명을 조사한 결과 기업의 수명은 30년이라는 결론을 내놓았으며 유명한 맥킨지 컨설팅이 조사한 바로는 1950년도에는 미국 기업의 평균 수명이 45년 정도였으나 현재는 15년에 불과하다고 발표하였다. 기업경영에서는 10년을 견디지 못하는 기업들이 속출하고 있는 것이 현실에서 속속 나오고 있으며 기업경영의 가장 큰 고민거리는 바로 '성장 동력', '미래의 먹거리'를 찾아 지속적인 운영을 해나가는 것이다. 아무리 성과가 좋은 기업도 현재의 치열한 시장경쟁에서는 한치 앞을 내다보기 힘든 상황이며 이를 타개해내고자 기업들은 혁신을 외치고 있다. 삼성경제연구소는 우량기업이 몰락한 이유를 과거의 성장전략과 경영철학에 너무 집착한 점을 중요한 요인으로 꼽는다. 아무리 우량기업이라 할지라도 현실에 안주한다면 기업의 생존이 어렵다는 것이다. 세계적인 학자인 톰 피터스는 혁신경영에서 CEO를 대체할 새로운 개념으로 '최고파괴자'라는 용어를 처음으로 제시하였다. 그는 미래 경영환경에서의 관리자는 파괴자의 역할을 해야 할 것이라고 주장하고 스스로 혁신의 주도자가 되어야 한다고 강조한다. 경영환경이 급격히 변화하는 오늘날은 과거와 현재에 안주하고 변화하지 않는 기업은 존속할 수 없다는 것이다. 혁신은 기업 활동의 기본이며 곧 '생존전략' 활동으로 자리매김하고 있다. 혁신의 대표적인 학자는 '파괴적혁신'의 창시자인 슘페터로써 그는 "혁신이란 소비자 사이에는 아직 충분히 알려져 있지 않은 재화의 제조, 그 산업부문에서 아직 알려져 있지 않은 생산방법의 도입, 새로운 유통판로의 개척, 원료 또는 반제품의 새로운 공급원의 획득 그리고 신 조직의 달성 등을 주장하였다. 또한 그는 혁신에 의하여 투자수요나 소비수요가 자극되어 경제에 새로운 호황국면이 형성되는 것이며, 혁신이야말로 경제발전 의 가장 주도적인 요인이라고 주장하였다. 경영학의 아버지로 불리는 피터 드러커 역시 '기업경영의 본질은 끊임없는 기업혁신을 통한 고객 창조에 있으며, 이는 제품 또는 서비스에 관한 혁신과 기업 내부의 각종 기능 및 활동의 혁신으로 달성될 수 있다'고 하였다. 결론적으로 기업에서 경영혁신을 하는 목적은 기업이 원하는 목표를 달성하기 위한 것이며, 이는 제품과 서비스 그리고 조직구성원을 변화시키는 계획이나 프로그램을 의도적으로 적용함으로서 기업의 중요한 부분을 본질적으로 변화시켜 기업의 영속성을 유지하자는 것이다.

다양한 목적을 가진 경영혁신기법은 경영활동을 변화시키는 기법과 실제 경영활동 프로세스를 변화시키는 기법으로 크게 나눌 수 있다. 경영활동을 변화시키는 기법은 리스트럭처링, 학습조직, 벤치마킹 등으로서 경영내용 중 특정부문에 영향을 끼친다기보다 기업전체 차원에 영향을 끼치며, 경영활동의 환경을 변화시키는 근본적인 경영혁신기법에 속한다. 경영활동의 프로세스를 변화시키는 기법은 제로베이스 조직혁신, 리엔지니어링, 다운사이징, 전사적 품질경영 등으로서 경영활동의 적용대상인 기업의 수준에 따라 적용을 달리하여 관리와 업무처리의 방법을 변화시키는 기법들이다.

몇 가지 주요한 경영혁신 기법은 '다운사이징'으로써 ① 인력감축(workforce reduction)을 통해 인건비 절감을 통한 효율성 제고를 목표로 하는 해고, 퇴직, 전출 등을 하거나 ② 조직재설계(organizational redesign) 즉, 직무와 업무 수행부서의 변화를 목표로 기능이나 계층 의 축소, 직무재설계, 부서 통·폐합 등을 시행하기도 한다. '비즈니스 리엔지니어링'은 기업의 일부기능만을 고치거나 개선하는 이른바 점진적인 변화의 사고방식에서 출발하는 것이 아니라 "처음부터 다시 시작한다는 것으로 급진적인 변화의 사고방식에서 출발한다. 이런 의미에서 비즈니스 리엔지니어링은 비용, 품질, 서비스, 속도와 같은 기업활동의 핵심적 부문에서 극적인 성과향상을 이루기 위해 기업의 업무 프로세스를 근본적으로 다시 생각하고 재설계한다. '가상조직(virtual organization)'은 21세기에 고객의 요구가 매우 다양해지고 기술은 점점 더 복잡해져서 기술개발에 필요한 비용을 한 기업이 감당하기 힘든 상황에서 정보네트워크 기술의 발전을 이용한 새로운 기업 간 협력을 통해 극복하려는 경쟁전략을 활용하고 있다.

Question 5

기업 혁신을 이루어내기 위해서 가장 먼저 생각할 수 있는 것이 '기술혁신'이라고 볼 수 있는데, 최근 다양한 기술의 활용이 기업의 성장 동력으로 강조되고 있습니다. 이 중에서 미래를 생각할 때 '인공지능'이 큰 관심을 끌고 있는데 인공지능은 어떻게 설명할 수 있나요?

10.3.3 인공지능

인공지능(Artificial Intelligence, AI) 또는기계지능(Machine Intelligence, MI) 이란인간 또는

동물이 지닌 자연지능(Natural Intelligence, NI)를 인공적으로 구현한 것을 의미한다. 옥스퍼드 사전의 정의에 따르면 시각인식, 음성인식, 의사결정 그리고 번역과 같이 인간의 지능이요구되는 일들을 수행 할 수 있는 컴퓨터 시스템의 이론과 개발을 총칭하고 있다. 인공지능은 최근에 와서 두드러진 기술은 아니고 1950년대부터 꾸준하게 연구되어 온 분야로서 1956년 존 매카시에 의해 최초로 사용되었다. 다양한 분야의 시도와 실험을 통해 가능성이 연구되었다가 1993년 머신러닝 기법이 발달하고 신경망 이론이 등장하면서 더욱 본격화되었다. 사물을 시각적으로 판별하는 시각 인식분야는 이미 인간의 능력을 넘어섰고, 세계 바둑기사인 이창호 9단과 알파고의 대전으로 더욱 많은 사람들의 관심을 받게 되었다. 인공지능 기술과 관련하여 최근 기업에서 주목하는 것이 바로 머신러닝과 딥러닝에 관한 것이다. 머신러닝(Machine Learning)은 구체적으로 컴퓨터 프로그래밍하지 않아도 기계 스스로 학습하여 임무를 수행할 수 있는 능력을 컴퓨터가 갖도록 구현하는 인공지능의 한 분야이며, 딥러닝(Deep Learning)은 데이터에 대한 다층적 표현과 추상화를 통해 학습하는 머신러닝의 기법의 일종으로 일반적으로 머신러닝의 세부적인 분야로 이해되고 있다.

머신러닝은 앞서 언급한 대로 기계적인 학습을 의미하며 데이터를 분석하여 패턴을 인식하고, 기계 스스로 예측을 하게 된다. 기계의 패턴인식이 반복되어 자신의 오류를 스스로 수정하고 반복하면서 정확도를 높여가게 된다. 하지만, 머신러닝은 사람의 프로그램 코딩과 정확한 데이터의 확보가 필요하다. 딥러닝은 머신러닝에서 한 단계 더 나아간 심층학습 단계이

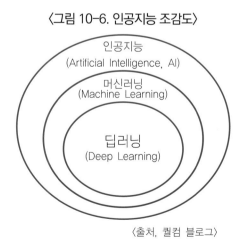

〈그림 10-6. 인공지능 조감도〉

인공지능
(Artificial Intelligence, AI)

머신러닝
(Machine Learning)

딥러닝
(Deep Learning)

〈출처, 퀄컴 블로그〉

며 컴퓨팅기술과 빅데이터를 활용하여 Deep Neural Network를 만들어 냅니다. 이것은 인공지능을 정의할 때 사람의 뇌 신경망과 흡사하여 붙여진 이름이고 다량의 데이터를 분류하고 데이터 간 상관관계를 찾아내어 새로운 발견하고 예측이 더욱 정확해지는 것을 의미한다. 특히 수많은 오류를 내는 과정을 거치면서 딥러닝 시스템은 정확도를 더욱 높히게 되면 기업이 추구하고자 하는 목적달성에 가까워질 수 있게 되는 것이다. 기업의 생존에 필수적인 것이 바로 '불확실한 예측'을 더욱 정확하고 예측 가능하게 만드는 것이 중요하기 때문이다. 딥러닝에서는 입력층, 중간층, 출력층으로 구분하고 중간층은 하나가 아닌 여러 층으로 구현하여 데이터를 분석하는 계층이 많을수록 신경망은 더욱 깊어지지만 연산시간이 길어진다는 점이 아직까지 기술적으로 해결해야 하는 점이다. 과거의 데이터를 통해 데이터 상의 의사결정에 필요한 확률과 가중치에 영향을 주게 되며, 가중치는 학습과정을 통해 지속적으로 신속하게 변화하게 된다. 최종단계에서는 가중치가 출력이 가장 정확하게 나오는 값으로 최적화되어 불확실성을 줄여주는 정답을 찾아내는 과정으로 이루어진다.

QUIZ

제 10 장. 기업 전략과 혁신

소속 ....

성명 ....

❶ 기업의 지닌 비전과 미션, 경영이념과 경영철학을 구분하여 설명하고 주요 기업의 비전과 미션에 대해서 한 가지 사례를 정리하시오.

❷ 기업의 비전과 미션을 바탕으로 한 목표설정은 기업의 미래 성장과 발전의 방향성을 담고 있다. 이러한 목표설정을 위해 중요하게 고려해야 할 부분에 대해서 토론해봅시다.

❸ 기업의 경영계획은 매년 수립하며, 중장기계획은 3년 또는 5년 단위로 수립하는 것이 일반적이다. 기업의 경영계획 수립절차를 도식화하고 주요 내용을 서술하시오.

❹ 기업이 혁신을 추구하지 않으면 곧 성장이 멈추고 퇴보하여 소멸한다고 한다. 기업의 혁신을 주장하는 혁신 이론에 대해서 설명하시오.

❺ 기업의 혁신경영을 위한 기술적인 측면의 혁신으로 '인공지능'을 흔히 떠올린다. '인공지능'의 대략적인 개념과 '머신러닝' '딥러닝'이 의미하는 것을 설명하시오.

제11장
기업의
사회적 책임

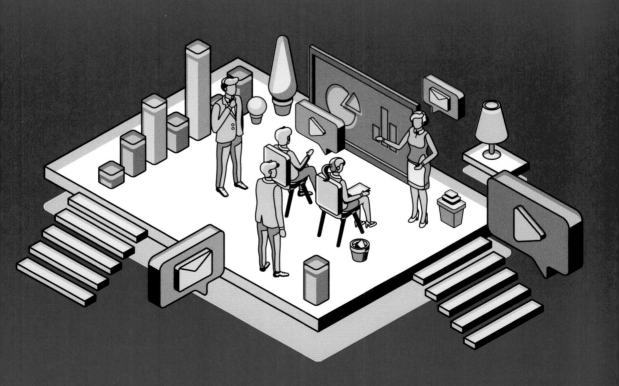

제11장

기업의 사회적 책임

Question 1

최근 국내외 경영학의 흐름상 가장 중요한 관심사는 기업의 사회적 책임이라고 합니다. 그만큼 국가경제와 사회에 미치는 기업의 영향이 큰 것으로 판단됩니다. 기업 윤리와 기업의 사회적 책임은 무엇인가요?

제1절 기업윤리

11.1.1. 기업윤리의 개념

기업윤리란 기업이 사회의 한 조직으로서의 마땅히 지켜야 할 도리를 의미하며 기업경영에서 구성원들의 의사결정이나 행동 또는 태도에 관한 도의적 가치로서 그들의 의사결정이나 행동 또는 옳고 그름을 판별하는 규범이라고 할 수 있다. 일반적 윤리규범과 같이 기업경영이라는 특수한 상황에 적용될 수 있는 실용적 특성을 갖춘 것으로 볼 수 있는데, 미국에서 제일 먼저 논의되기 시작하였다. 첫째, 기업에 대한 일반 대중들의 높은 기대로 인해 전통적으로 미국사회의 기업에 대한 사회적 의무에 대한 관심 높았고, 경제발전의 주체는 기업이라는 믿음이 강했다. 둘째, 기업경영자들의 기독교적 윤리 또는 청교도적 윤리의 자발적 준수 성향도 큰 부분을 담당했다. 경영자 개인의 이득과 이기적 관점으로 사회의 다른 사람들이 수용하는 윤리적 가치를 거부하고 이타주의적 행동을 비합리적인 것으로 간주된다. 이득을 위한 기업 간의 치열한 경쟁을 통해 공정하고 합법적인 사업을 등한시하고 경쟁관계 속에서 최소한 자신의 이익을 확보하기 위한 비윤리적 경쟁을 전개하는 것을 의미한다. 특히 기업의 목표와 개인가치의 상충되는 경우, 윤리적 갈등은 조직의 가치와 개인의 가치가 상충될 때 자주 발생하는데 이를 수용해하는가 또는 저항해야 하는가의 갈등을 겪게 되며 해외에서는 국가 간의 법적·문화적 규범의 상충 상황에서 발생하기도 한다.

Question 2

기업윤리가 왜 사회적으로 중요한 문제로 부각되었나요? 기업윤리에 관한 사회적 요구사항은 무엇이고 사회적으로 기업윤리를 발전시킬 때의 기대효과는 무엇인가요?

11.1.2. 기업윤리의 사회성

기업이 사회적인 정당성을 획득하는 기반이 기업윤리를 기초로 하기 때문에 기업윤리의 사회성은 무엇보다도 중요하다. 사회 속에서 기업이 옳은 일을 할 수 있는 행위기준을 기업윤리의 사회성이라고 할 수 있는데 기업윤리의 준수를 통해 장기적인 면에서의 질적인 경영성과 혹은 조직 유효성의 증대를 기대할 수 있기 때문이다. 특히 기업윤리의 사회적 책임을 다할 경우, 이해관계자와 우호적 관계 형성으로 경영활동의 원활화를 추구할 수 있으며 기업 조직 내 기업구성원의 기업에 대한 긍지와 애착심 형성하고 투자자의 투자 자본을 원활하게 조달할 수 있는 장점이 있다. 윤리적인 기업이 지속적으로 최종소비자의 만족과 기대를 바랄 수 있고, 그로 인한 기업의 영속적인 기업경영이 가능해질 수 있다고 믿기 때문에 윤리적 기업에 대한 투자자의 자본 투자는 지속적인 수익성 뿐 아니라 안정적인 기업 경영을 예측할 수 있다. 또한 조직 구성원들의 행동규범의 제시와 인간 또는 시민으로서의 구성원의 윤리적 성취감을 충족시킴으로써 기업구성원의 윤리적 결정과 행동으로 인한 선량한 시민으로서의 자아상 형성할 수 있다.

기업윤리를 제고하기 위해서는 최고경영자의 윤리의식 제고가 가장 중요하다. CEO의 도덕성, 경영철학, 윤리적 사고는 조직의 윤리수준 결정의 중요요소이며 윤리적 기업문화의 형성을 통해 모든 구성원이 공감할 수 있는 가치기준이나 행동규범을 정립하고 윤리성 높은 기업문화 조성이 중요하다. 특히 구체적으로는 평가시스템의 개선하여 윤리에 관한 항목의 비중을 높이고 적절한 보상시스템 필요할 수 있다. 근로자의 윤리의식 강화하기 위해 책임의식과 직업윤리의식을 제고(기업의 대내적 대외적 윤리성에 영향을 미침)시키고 기업윤리헌장 및 기업윤리강령의 제정하는 것도 좋은 방법 중에 한가지이다.

Question 3

기업이 생산, 제조하는 제품과 서비스는 소비자의 편의성을 증진하고 이에 대한 대가와 이윤을 얻는 활동인데 소비자 만족 또는 감동이 중요할 것 같습니다. 소비자 만족 또는 감동을 제공하기 위해 어떠한 노력을 해야 할까요?

제2절 고객 만족 경영

11.2.1. 고객만족경영의 필요성

고객의 욕구(needs)와 기대(expectation)에 부응하여 제품과 서비스의 재구매가 지속적, 반복적, 확장적으로 이루어지고, 고객의 신뢰감의 연속되는 상태가 고객만족이다. 고객만족경영이란 경영의 전 과정에서 고객만족을 실현하고 고객만족 극대화를 최우선 목표를 하는 경영방식으로서 결국 기업이 추구하고자 하는 공유가치의 근본은 바로 고객만족이다. 기업이 고객만족경영의 필요성과 중요성을 고민하게 된 이유를 정리하면 아래와 같다〈표 11-1〉.

〈표 11-1. 고객만족경영의 필요성〉

구분	주요 내용
기업환경의 변화	- 글로벌 경쟁의 격화 - 시장 내 힘의 균형의 변화 - 시장의 포화와 성숙
소비자 구매 행태 변화	- 소비자 욕구와 가치의 변화(가성비 → 가심비) - 구매형태의 변화(편리성, 저가격 중심 등) - 신규 소비층의 출현(빈익빈, 부익부 등 편중현상) - 소비자 주권의식의 강화
마케팅/영업의 패러다임 변화	- 단순생산이 아닌 제품과 서비스의 결합 - 고객지향적, 관계지향적, 사회지향적으로 고도화 - 체험과 경험의 추구

Question 4

기업이 경쟁력을 강화하기 위한 경영혁신 노력의 일환으로 '고객만족경영'을 거론하는 기업이 늘어나고 있는데, 사회적 책임을 다하기 위한 고객만족경영을 실천하기 위한 관리기법은 무엇일까요?

11.2.2. 고객만족경영 관리

고객만족경영 관리를 위해서는 우선 기업 내·외부 환경 분석을 통한 해당 기업의 고객만족의 선행지표를 만들고 관리해야 한다. 대표적인 것이 고객만족지수(CSI ; Customer Saticfaction Index)이며 이는 고객만족경영의 결과를 정성적, 정량적으로 측정할 수 있다. 따라서 소비자의 외부측정지표라고 할 때 이를 향상시키기 위한 과정으로서의 내부측정지표 또한 체계적으로 구축되어야 한다.

〈표 11-2. 고객만족경영 지표〉

구분	주요 내용
종업원만족지수 (ESI ; Employee Satisfaction Index)	- 종업원의 적극적 참여 유발 - 고객유지뿐 아니라 종업원도 유지 - 직장만족도, 직무만족도, 인간관계 만족도 등이며 필요조건이지 충분조건은 아니다.
고객중심지수 (COI ; Customer Orientation Index)	- 고객지향성 기업문화 창출 - 지속적인 고객만족의식 혁신운동과 교육 필요 - 기업이념, 제도, 종업원의 사고, 고객대응, 행동패턴 등
내부고객만족지수 (ICSI ; Internal Customer Satisfaction Index)	- 고객만족 지향성은 생산과정에서부터 실현 - 전 종업원은 개인별 내부, 외부 고객접점을 파악하고 고객만족과 불만족의 책임을 단계별로 프로세스 화 - 프로세스 적합성 평가, 현시점의 작업 네트워크 평가, 전단계 입력-현단계의 출력 평가 등으로 구성

Question 5

최근 학술적 또는 실무적으로 기업의 사회적 책임(CSR)에 관한 수많은 연구가 진행되고 있습니다. 기업의 사회적 책임은 정의는 무엇이고 사회적 책임이 나온 배경은 무엇인가요?

제3절 기업의 사회적 책임(CSR)

11.3.1. CSR의 개념

기업의 사회적 책임(Corporate Social Responsibility, CSR)은 기업이 시장에서 수익 창출뿐만 아니라 사회의 富도 함께 증가시켜야할 의무를 말한다. 기업의 책임(corporate responsibility)이라고도 불리며 기업이 재화와 서비스를 생산할 때 친사회적(pro-CSR)으로 해야 하는 책임이다. 기업의 책임은 더 이상 주주(stakeholders)에 머물지 않고, 종업원, 노조, 소비자, 공급자, 하청기업, 지역사회 등 모든 이해관계자(shareholders)에 대한 의무, 재무적 이익에서 사회적 성과, 즉 환경, 윤리, 사회적 공헌 등에 대한 책임을 요구받는다. 이해관계자는 기업 자신의 비즈니스로 영향을 받는 사람들을 가리키며 기업의 주식을 보유한 주주와 구별되어 기업의 새로운 책임의 범위를 가리킨다. 기업은 비즈니스를 하는 동안 그로부터 영향을 받는 이해관계자들에게 책임 있는 방식으로 공유가치를 확산시킴으로써 사회의 지속적 발전에 기여해야 한다는 것이다. 내부적으로는 인권, 근로자의 건강과 안전, 그리고 외부적으로는 지역사회에 대한 공헌, 사회활동 참여를 포함한다. 기업의 법률 준수를 넘어 자발적으로 근로자와 가족들의 삶의 질을 개선하고 지역사회, 국가 이익을 위해 노력할 의무이다. 기업이 사회적 가치 실현을 위해 스스로 자신의 활동에 대한 규제를 시도한다는 점에서 기업의 자발적 규제로 해석되기도 한다. 2002년 미국의 Enron社와 WorldCom社 등 일련의 회계부정 사건과 Nike社의 아동노동 사건 등이 터지면서 투자자들과 규제당국은 기업의 윤리성에 대해 근본적 의문을 던지게 되었다. 이러한 사건들은 대규모기업의 도산 및 관련자 처벌로 이어지면서, 경영윤리(Business Ethic)의 중요성을 더욱 일깨워 주었다.

Question 6

기업의 사회적 책임(Corporate Social Responsibility: CSR)을 실현하기 위해서 기업에 실행하는 구체적인 사례는 무엇인가요?

11.3.2. 사회적 책임 사례

기업의 사회적 책임 사례는 기업의 재량과 문화, 추구가치 등에 따라 다양하게 이루어지고 있다. 다만 사회적 공동체가 느끼는 공유가치에 부합될 수 있는 프로그램, 캠페인, 자선과 기부활동 등 다방면으로 전개되고 있다. 국내의 경우 중소기업 또는 자영업자의 기술지원, 지적재산권보호, 일정수량 또는 금액의 직간접적 구매 등의 형태로 사회적 책임을 실현하는 경우도 있다. 따라서 사회적 책임활동을 특별히 규정한 것은 없으며 정부 또는 기관에서도 행정적인 영향력이 미치지 못하는 범위와 수준, 대상에 대한 기업의 활동 참여시 세금감면 등 다양한 혜택을 통해 활동을 권장한다. 관련한 활동 몇가지를 소개하면 다음과 같다.

GE(General Electric)의 광범위하고 전략적 CSR

지역사회에 기반을 둔 자원봉사활동 외에도 친환경 경영을 주도하며 2005년 'Ecomagination' 캠페인을 발표하고 2009년에는 세계 보건의료문제 해결을 위해 'Healthymagination' 출범시켰다. GE는 CSR 비용으로 매년 1억 달러 이상 지출하고 있으며 자원봉사조직 '엘펀'과 GE 재단 주축으로 전개하고 있다.

특히 GE의 자원봉사조직인 '엘펀(Elfun; Electrical Fund)'은 GE 직원으로 구성된 글로벌 조직으로 전 세계 146개 지부 운영하고 자발적 봉사활동을 강조, 지역사회서비스 프로젝트 활동에 집중(영국에서 문맹퇴치캠페인, 브라질에서 학교운동장건립, 말레이시아도서관건립등 지역봉사프로젝트전개)하고 있다.

에스티로더의 핑크리본 CSR 캠페인

가장 성공한 CSR 캠페인으로 알려진 '핑크리본 캠페인'은 화장품 회사답게 여성들의 유방암에 대한 인식 고취와 조기 검진의 중요성을 알리기 위해 1992년 처음으로 시작되었다. 에스티로더 화장품 고객들에게 150만 개의 핑크리본과 유방암 자가진단카드를 나눠준 것으로 시작하여 2010년 70여 개국에서 진행, 1억1천만 개 이상의 핑크리본이 배포하였으며 식품, 의류, 항공사 등 다양한 협력 기업들이 본 캠페인에 동참함으로써 세계적인 여성운동으로 격상되었다. 특히 에스티 로더는 여성 건강 의식을 고취시키는 동시에 핑크리본 컬렉션 제품을 출시, 이를 판매한 수익금 일부를 유방암연구재단(BCRF)에 연구기금으로 기부하여 글로벌 캠페인으로 확산시켰다. 2010년 캠페인은 전 세계 70개국 20억 명에게 메시지를 파급한 것으로 추정하고 있다.

코카콜라

코카콜라의 녹색경영 또한 사회적 책임을 다하는 기업으로서의 인식전환을 꾀하였다. 코카콜라는 물 자원을 아끼고 재생하여 다시 채운다는 3R(Reduce, Recycle, Replenish) 법칙을 적용하여 자사 공장의 물 사용 성과(물 효율, 수질, 폐수 처리)에서부터 상수원 보호, 물 자원에 대한 홍보 및 공공의식 증진까지 포함시켰다. 2010년 폐수 처리 및 재사용 기준을 확립하는 한편, 빗물 저장과 농업용수의 효율적 공급 등에 대한 투자 및 실행 중이다. 더욱 효과적인 물 관리 투자가 될 수 있도록 외부 전문기관과의 파트너를 맺고 World Wildlife Fund(WWF)에 기금을 투자, '물 효율 관리 지침서'를 함께 제작하고 그린피스(Greenpeac)와 코카콜라의 자동판매기로부터 배출되는 탄소가스 감축 노력도 아울러 시행하고 있다.

QUIZ

제 11 장. 기업의 사회적 책임

소속 ....

성명 ....

❶ 기업은 이제 제품의 가격 경쟁력, 우수한 품질 등으로만 소비자의 관심과 주의를 집중시키기에 한계를 지니고 있으며 기업이 지닌 이미지를 비롯한 사회적인 책임 활동의 수행여부 및 윤리적 책임을 다해야 하는 시대에 직면하고 있다. 이와 관련하여 기업이 지녀야 할 윤리에 대해서 토론해봅시다.

❷ 기업이 추구하는 고객만족 경영의 필요성에 대해서 서술하시오.

❸ 기업의 고객 만족 경영을 측정하는 유형 3가지를 기술하고 각각의 특징에 대해서 설명하시오.

❹ 기업의 사회적 책임(CSR)의 개념을 논하고, 사회적 책임 사례를 한 가지 설명하시오.

제12장
창업과
기업가 정신

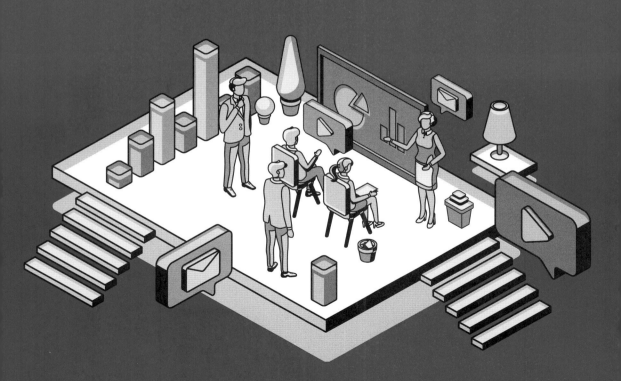

제12장

창업과 기업가 정신

Question 1

최근 창업에 대한 관심과 참여가 과거에 비해 두드러지고 있는데, 창업은 어떻게 정의될 수 있으며, 창업을 준비하기 위해서 무엇을 알아야 하는지요?

제1절 창업의 이해

12.1.1. 창업의 의미

창업은 개인 또는 개인들이 새로운 사업기회를 포착해서 기업 활동을 시작하는 것을 말한다. 창업활동을 통하여 새로운 기업이 탄생하고 제품이 시장에 나오게 되며 신생산업의 출현으로 경제성장의 촉진 및 고용증대 효과를 기대한다. 우선 예비창업자는 사업기회를 포착하여 적절하게 대응할 때 성공적인 창업을 시작할 수 있다. 사업기회를 제대로 포착하기 위해서는 기존 기업가의 과거 성공경험 또는 새로운 아이디어가 필요하기 때문에 많은 사람들이 자신이 일하던 곳을 퇴직하고 새로운 기업을 설립하는 경우를 흔히 볼 수 있다. 자신이 쌓은 경험과 노하우를 바탕으로 하여 새로운 아이디어를 발견하게 되면 스스로 사업을 해보겠다는 창업을 결심하는 경우가 많다. 그러나 새로운 아이디어 또는 사업기회를 포착했다고 해서 바로 창업으로 이어지는 것은 아니다.

사업기회는 사회 경제적 관점에서 시장에 새로운 공유가치를 창출할 수 있어야 하고 새로운 시장을 개척하거나 혹은 기존시장의 문제를 차별적, 효율적으로 대체할 수 있어야 하는 동시에 해당 공유가치가 지속성을 가져야 한다. 이러한 사업기회를 포착하기 위해 창업자는 기술의 진보, 시장상황의 변화, 정부의 지원, 경쟁구도의 변화 등을 고려해야 할 필요가 있다. 또한 창업하는 데는 필요한 자원이 어느 정도 확보되어 있어야 한다. 창업자는 일반적으로 최소한의 자금으로 사업추진을 감행하고 주어진 자금을 최대한 활용한다. 그 이유는 혹시라도 실패할 경우의 위험성을 최대한 줄이고 싶기 때문이다. 처음에는 발로 뛰는 노력과 땀의 자본을 투자하고 고객으로부터 창업기업이 제공할 재화나 서비스에 대하여 미리 투자를 받아 자력으로 생존하고자 한다. 따라서 사업기회 또는 아이템에 따라 자금력을 확보하는 것이 창업의 장기적인 생존과 성장을 위한 관건이 된다.

창업을 하게 되는 이유에는 몇 가지가 있다. 어떤 사람은 기업에서 쌓은 경험을 토대로 자신만의 사업을 구상하게 되고 또 어떤 사람은 특별한 이유로 직장을 그만두게 된 것을 계기로 사업을 시작하기도 한다. 그리고 새로운 아이디어가 있어서 창업을 하는 경우도 있으며 자신의 취미가 우연히 새로운 사업 아이템이 되는 경우도 있다. 몇몇 사람들에게는 자기사업을 성공적으로 경영하는 데 필요한 지식과 능력을 쌓으면서 서서히 창업의 욕구가 생기기도 하는데 창업자는 자신의 사업을 시작하게 되면 기존 기업들이 수행하는 자금, 인사, 판매, 광고, 구매, 가격산정 등 해당 시장과 분야에서 요구되는 다양한 사업의 필요 기능들을 갖추어야 한다. 창업 즉, 스타트업(Startup)은 기존 기업의 체계, 구조, 운영과는 다를 수 있지만 일반적인 기업에서 수행하는 조직의 기능과 역할, 자금, 시간 등 자원에 관한 부분이 거의 동일하거나 유사하기 때문에 사업기회를 만드는 일, 기존의 불편함을 새로운 가치로 변화시키는 아이템이 무엇인지 정의하고, 아이디어를 도출하며 시장에서의 타당성을 검증하는 것이 시작단계에서 매우 중요하다.

Question 2

창업 준비를 위해 구체적으로 해야 하는 일은 무엇이며 어떠한 과정과 절차를 거쳐서 창업을 준비하는 것이 좋은가요?

12.1.2 창업 준비

일반적으로 창업하기 위해서는 ①기술적 노하우, ②제품 또는 서비스 아이디어, ③인적네트워크(인맥), ④물리적 자원, ⑤고객의 사전주문 등과 같은 요소가 필요하다(Vesper, 1992). 이러한 요소들 중에서 몇 가지를 이미 갖추고 있다면 창업이 가능하고 훨씬 용이하게 접근할 수 있다. 그렇다면 이러한 요소들을 가지고 어떠한 과정을 거쳐 기업을 창업할 수 있을까? 프라이드(W.M.Pride)등은 창업을 하는 데 있어서 계획의 부재는 창업실패의 주요 원인이라고 지적한 바 있다. 창업자는 창업 전에 구체적이고 현실적인 사업계획서를 작성할 필요가 있다. 사업계획서는 창업을 하려는 기업가에게 가이드 역할을 하며 잠재적인 투자자들에게는 새로운 창업에 대한 투자를 결정하게 하는 간략한 보고서의 역할도 한다. 사업계획서를 작성할 때는 창업기업이 대상으로 하는 고객에게 가치를 창출하여 제공할 수 있는 핵심적인 영역을 파악해야 하는

데 사업계획서의 핵심적인 영역으로는 ①사업기회의 평가, ②사업개념의 개발, ③ 필요자원의 검토 및 획득 방법 등을 들 수 있다. 여기서 말하는 고객에게 가치를 창출한다는 것은 해당 분야의 고객이 불편함을 느끼거나 불편함을 해결하기 위해 돈을 지불하는 현상 또는 의지가 존재해야 함을 의미한다. 사업계획서는 창업 이전 시기에 특히 중요한데 사업계획서가 얼마나 시장과 고객에게 받아들여질 수 있는지의 타당성 검증에 따라 외부 투자자금을 활용할 수도 있고 정부의 지원도 기대할 수 있으며 은행이나 기타 벤처 투자자로부터 자금을 조달할 수 있다. 사업계획서의 핵심적인 영역은 기존 기업과 동일하거나 유사한 수준이 될 필요는 없으며 핵심적인 개념과 가치를 만들어내는 부분이 차별성을 갖추어야 한다. 이에 대한 보다 구체적인 사항은 다음과 같다.

- 사업기회의 평가란 창업자가 추진하려고 하는 사업의 잠재적인 수익성과 관련 사업에 대한 가능성, 수익의 지속성, 고객욕구의 만족 가능성을 평가하는 것이다. 사업기회의 평가는 시장의 잠재적인 수요를 평가하는 것이며 창업자는 시장에서 잠재적인 수요가 있다고 판단되면 곧바로 사업기회를 최대한 이용하여 고수익을 얻기 위해서 실천적인 사업전략을 수립할 수 있어야 한다. 즉 사업계획을 수립할 수 있는 역량을 갖추어야 한다.

- 사업개념의 개발이란 실천적인 측면의 사업구상으로서 새로운 사업에 진출했을 때 잠재적인 경쟁자가 누구인지 파악하고 경쟁사가 유사품의 복제나 저가전략으로 대응할 때의 대응방안을 마련하는 것이다. 특히 원료 및 원자재 공급업체와의 협력적인 관계가 중요한데 이들과의 우호적인 관계는 기업 활동을 할 때에 일시적으로 자금난에 부딪힌다고 하더라도 상호신뢰에 기초해 난관을 극복할 수 있게 해주기 때문이다.

- 필요자원의 검토 및 획득 방법이란 사업에 필요한 자원으로서 무엇이 얼마나 필요한

지 만일의 경우에 대비하여 여유자원을 얼마나 확보해야 하는지, 창업자가 자체적으로 조달 가능한 자원은 무엇인지, 그리고 미비한 자원을 공급할 수 있는 사람이 누군지를 파악하는 것이다. 창업자는 자원의 획득과정에서 창업자가 이용할 수 있는 인맥 등의 네트워크(network)를 적극 활용할 수 있어야 한다. 이러한 네트워크에는 은행, 회계사, 변호사, 관련 정부기관 등의 공식적인 네트워크와 친구 가족 친지 등의 비공식적인 네트워크를 활용할 수 있다.

Question 3

흔히 주변에서 창업했다가 성공한 경우보다 실패한 경우를 많이 목격하게 되는데, 창업 실패를 경험하지 않기 위하여 창업과정상에 미리 대비를 해야 하는 것은 무엇일까요?

12.1.3 창업의 실패와 성공조건

창업은 실패할 확률이 높다. 새로운 창업의 63% 이상은 실패한다는 검증한 바가 있다(O. Griffin). 창업실패의 원인으로 다음의 네 가지 요인을 들고 있는데, 첫째, 경영능력과 경험의 부족이다. 창업자는 상식적인 수준에서 사업이 운영될 것이라 생각하고 자신의 능력을 과신하며 단지 열심히 일하는 것만이 성공의 열쇠라고 생각한다. 그러나 창업자는 의사결정의 기본방법을 알아야 하고 경영의 원칙과 개념들을 이해하고 있어야 한다. 자신이 신속하게 판단하고 결정하지 않으면 누군가 결정해야 하고 그 결정이 잘못될 경우가 많기 때문이다. 둘째, 무관심 또한 실패의 원인이 된다. 창업자들은 단지 한정된 시간만을 새로운 사업에 투자한다 하지만 신규 사업을 시작할 때는 많은 시간과 노력이 요구된다. 기존에 기업에서 근무한 경험이 있는 사람들의 흔히

하는 실수다. 본인의 업무 성과가 본인 스스로의 역량에 의해 많은 부분이 이루어졌을 거라는 착각과 오해로부터 자유로울 수가 없다. 하나부터 열까지 모든 것을 창업자가 관여해야 하는 상황이 일반적이다. 셋째, 통제시스템 구축의 실패이다. 효율적인 통제시스템은 사업의 진행상황을 관찰하는데 기준이 되고 창업가가 문제 상황을 발견할 수 있게 해준다. 만약 통제시스템이 문제 상황을 알려주지 않는다면 창업가들은 눈에 보일 만큼 문제가 커진 이후에야 문제를 인식하게 된다. 넷째 창업 및 운영자금의 부족이 실패 원인이 된다. 몇몇 창업가들은 단기간에 순이익이 날 것이라는 낙관적인 전망만을 하지만 손익분기점을 넘기기 위해서는 몇 달 혹은 몇 년이 걸릴지도 모르는 것이다.

기업의 성공원인도 실패원인과 유사하게 몇 가지로 구분해 볼 수 있다. 창업의 성공원인으로는 첫째, 열정과 헌신이다. 창업자는 시간과 노력을 아끼지 말아야 한다. 둘째, 시장상황에 대한 철저한 분석을 통해 시장의 수요를 예측할 수 있어야 한다. 셋째, 경영능력이다. 창업에 성공한 사람들은 경험을 축적하거나 다른 사람의 능력을 효율적으로 활용한다. 다른 사람의 능력을 효율적으로 활용하려면 해당하는 직무가 어떻게 운영되고 어떻게 진행될지 알고 있어야 다른 사람의 능력을 활용하고 창업자 본인은 더욱 중요하고 신속하게 의사결정이 요구되는 일에 매진할 수 있는 것이다. 넷째, 성공할 수 있는 시기를 제대로 포착해야 한다. 예를 들어, 스티브잡스는 음반시장이라는 신규 사업에 대한 철저한 시장조사를 통해 시장상황을 파악하고 자사의 장점들을 적극적으로 활용함으로써 창업을 시도했다. 음반시장이 LP에서 디지털로 변화되고 있는 시도를 목격하고 디지털 음원의 변환시기를 고려해 아이팟을 세상에 소개하였다. 기존 음반시장을 디지털로 변환시키는 기술은 우리나라 새한미디어가 가장 먼저 시장에 소개하였으나 실질적인 대성공을 거둔 것은 애플이었다. 또한 휴대전화의 소형화가 진척되고 있을 때 고객들이 손에는 너무 큰 휴대전화는 원하지 않을 거라는 예상과는 달리 데이터의 전송속도 발전과 컨텐츠의 풍부함을 요구할 것으로 예상하여 아이폰을 선제적으로 출시한 것도 애플이다. 이처럼 고객의 요구사항을 사전에 예측하고 준비하는 것이 창업에서는 매우 중요한 성공요인이다.

성공 사례로써 최근 유니콘(1조 이상의 기업 가치를 가진 창업기업을 지칭하는 말)기업 중의 하나인 배달의 민족은 독일의 DH(딜리버리 히어로)에게 4조 7천 500억에 매각되었다. 배달의 민족은 1인가구의 증가, HMR(Home Meal Placement: 가정간편식)의 소비자 수용과 포장의 발달, 99%에 이르는 스마트폰 보급률과 모바일 앱 사용의 보편화, 배송 시간 단축과 배송문화의 보편화 등 시장의 움직임과 변화를 빠르게 읽고 대응하였다. 소위 3D업종이라고 일컬어지는 음식배달, 기존 중국집에서 홀서빙과 배달을 함께 해오던 배달원 등을 참조하여 자영업자 프리랜서로 전환하면서 시대의 큰 흐름인 '플랫폼'에 자신들의 배달광고서비스를 얹혀 소위 말하는 잭팟을 터뜨린 것이다. 누구도 진입하지 않았던 배달 시장의 시장 점유율을 확산하였고 소위 대기업이 진입할 수 없는 중소기업 영역에 선점의 깃발을 꽂은 것이다. 요기요, 배달통, 생각대로 등 새로운 사업자가 진입하면서 배달 시장의 규모는 커졌고 요식업의 수익문제를 걱정하던 공급자인 음식점 자영업자들의 새로운 광고, 홍보, 판매신장에 도움이 되었다. 애플이 음반시장의 디지털화 및 디자인의 감성을 중시하는 소비자들이 확산되는 것과 시장 현황과 분석에 있어 크게 다르지 않다. 대기업이 배달시장에 진출하겠다고 경영계획을 보고했다면 대기업 경영자는 '우리가 배달까지 해야 되나?'라는 의문을 가질 것이다. 성공 사례는 누군가의 성공의 경험담에서 머무른다면 창업자에겐 도움이 되지 않는다. 성공했다고 시장 평가가 내려지면 그만큼의 이유가 있는 것이다. 그 이유를 창업자의 아이템과 사업기회적인 측면에서 검증해보는 기회를 제공한다고 보는 것이 옳을 것이다.

Question 4

창업은 종류도 많고 다양한 분야가 있을 수 있는데 창업의 유형과 절차가 궁금합니다. 어떠한 유형이 존재하고 어떠한 절차로 시작해야 하나요?

제2절 창업의 유형과 절차

12.2.1. 창업의 유형

성공적인 창업을 위해서는 창업자의 적성과 개성에 맞는 창업 유형을 선택하는 것이 중요하다. 창업을 결심한 이후에는 창업자 자신의 역량과 자질, 경험과 지식을 바탕으로 자신에게 가장 적합한 유형이 무엇인지 찾아야 한다. 우선 업종에 따라 제조업, 도·소매업, 서비스업 창업으로 크게 구분할 수 있고 구체적으로 1인 창업자 개인의 독립창업, 프랜차이즈가맹창업, 기술기반의 혁신창업, 모방창업, 무점포창업 및 소호창업 등의 창업유형이 존재한다. 일반적인 사업 분류에 따른 업종 기준으로는 제조업, 서비스 업, 도·소매업으로 구분할 수 있는데 사업 분류에 따른 장점과 단점을 고려해볼 수 있다. 예를 들어 제조업 창업은 창업자 자신이 새로운 제품을 연구, 개발하여 원재료를 바탕으로 가공하거나 전혀 새로운 아이디어 제품을 생산, 제조, 유통, 판매하는 것이다. 제조업의 경우 처음부터 대량생산을 위한 설비와 장비를 갖춘 제조시설을 생각하기보다는 완벽한 시제품부터 완성시키는 것을 생각해야 하며, 만약 아이디어가 있다면 아이디어를 실제로 구현해줄 수 있는 기존 제조, 생산업체를 탐색한 뒤 시제품을 완성하고 이에 따른 개당 생산단가를 고려하여 대량생산 할 때의 수익,

판매유통 경로, A/S 등을 고려하여 창업을 추진할 수 있다. 도·소매업 창업은 일반적으로 유통 또는 플랫폼 사업이라고도 하는데 주로 기존의 제품 또는 서비스의 판매에 관련된 도매 및 소매점의 창업을 의미한다. 가령 (건강)식품회사 또는 농축수산물, 가공제품을 특정지역을 중심으로 소매상에 판매하거나 통신서비스와 같은 무형의 제품을 취급하는 대리점 창업을 생각할 수 있으며 그 종류는 헤아릴 수 없을 정도로 많다. 서비스 창업이란 노동 인력을 보유하였다가 필요한 곳에 소개해준다거나 대리운전 및 배달원을 소개하는 등 사업지원 서비스를 의미한다. 편의성을 추구하는 소비가 지속적으로 증가하기 때문에 서비스업의 창업 또한 앞으로도 매우 활발하게 전개될 것이다. 이처럼 다양한 창업 유형이 존재하기 때문에 창업자는 자신의 적성과 지식, 경험 등에 적합한 창업 유형을 선정할 필요가 있으며 어떠한 창업 유형이 존재하는지 구체적으로 살펴보기로 하자.

1) 기술창업과 일반창업

창업의 유형을 김용정(2014)은 '혁신기술과 지식을 창출하는 기업의 창업'에 해당하는 '기술창업'과 그 외 '일반창업'으로 구분하였는데, 기술창업은 제조업, 전문서비스업, 지식산업 등에서 신기술 또는 아이디어를 통해 생산과 판매활동을 수행하는 것으로 정의하였다. 기술창업에 관해서 삼성경제연구소(2004)는 벤처, 기술혁신, 혁신선도, 기술 집약형 기업의 창업을 포괄하는 것으로 제시하기도 하였다. 김대호(2009)는 기술창업을 벤처기업, 이노비즈기업 등 고용이나 부가가치 창출이 높은 기술집약적 기업의 창업으로 정의하였으며, Bailetti(2011)은 기술 분야 창업기업(Technology entrepreneurship)에 대하여, '회사의 소유가치와 창조를 목적으로 과학기술 지식의 발전과 밀접하게 관련된 특정 개인과 다양한 자산들을 모으고 배포하는 프로젝트에 대한 투자'라고 제시하였다.

창업분류	사업유형	사업수행 형태	특성
기술 창업	■ 제조업 ■ 전문서비스업 ■ 지식문화사업	■ 신기술 또는 새로운 아이디어를 가지고 제품 및 용역의 생산과 판매활동을 수행하는 형태	■ 고위험-고수익 ■ 고성장을 통한 중견기업으로의 성장 가능성
일반 창업	■ 일반서비스업 ■ 도소매업	■ 음식점, 미용업, 기타 일반상품을 단순 유통하는 등의 일반적 사업형태	■ 낮은 진입장벽, 빈번한 창업 및 소멸 ■ 소자본 창업으로 일반적 영세성, 낮은 부가가치

자료: 기술보증기금. 김용정(2014). 재인용

그러나 기존 창업 유형에서 기술창업 또는 모방창업으로 구분하기 쉽지 않는 것들도 존재한다. 많은 창업 기업들이 모방적 창업인 것처럼 보이지만 혁신적인 요소를 많이 포함하고 있는 경우도 있다. 가령, 음식점 창업에서 같은 음식을 제공하는 식당도 조리법, 맛, 분위기 등에 있어서 기존의 식당들과 크게 차별화되는 경우도 존재하고, 기존에 크게 다루어지지 않던 식재료 또는 기술을 활용하여 전문적인 창업하는 경우도 기술성이 강한 모방창업이라고 할 수 있다. 식재료의 경우 대부분이 식재료가 대량으로 나오는 계절에 따른 식단과 메뉴상품을 변경하는데 최근에는 계절에 상관 없이 수급이 가능한 해산물 등의 경우 식재료의 전문성을 살려 음식점을 창업하는 경우가 많다. 이와 같이 기술혁신 요소가 일부 포함될 경우 모방창업이라고 분류할 수 있다.

2) 혁신창업과 생계형창업

GEM(2011)은 기업 활동에 관한 지수 측정 연구[1]를 수행하면서 창업을 동기에 따라

---

1) GEM(Global Entrepreneurship Monitor): 1999년부터 미국 BABSON 컬리지와 영국 런던경영대학이 창업에 관한 국제공동연구보고서를 발간하고 있으며, 2012 Global Report가 2013년 발간됨. 각국의 기업가 정신

구분하여 '혁신(기회형) 기업'과 '생계형 기업'으로 정리하였는데, 혁신창업은 첨단 기술 및 지식을 바탕으로 해당 산업에서 선도하는 형태의 창업으로 보았으며, 생계창업은 생계유지를 위한 다른 대안이 없어 창업을 한 경우로 요식업 및 도소매업 등이 해당한다고 설명하며 '혁신형(기회형) 기업'과 '생계형 기업'의 구분하였다. 이처럼 창업 동기에 또는 혁신정도에 따라 혁신창업으로 구분해 볼 수 있는데, 혁신창업은 기술, 경영, 제품 등에 있어서 기존의 사업과는 크게 다른 형태의 창업을 의미한다. 주로 핵심기술, 요소기술 등을 기반으로 한 창업이 해당되며 빅데이터, 블록체인, 인공지능 또는 AR/VR 등 보유한 핵심기술을 바탕으로 새로운 발명품의 사업화로 볼 수 있다. 반드시 발명품은 수준은 아니지만 시장을 새롭게 만들어 내거나 기존 시장에서 해결하기 어려운 문제를 핵심기술 및 제품, 서비스로 해결하여 새로운 시장을 창출하는 것을 의미한다. 혁신 창업의 대부분이 기술(벤처) 창업인데, 첨단 기술이나 새로운 아이디어를 사업화하는 창조적이고 기술집약적인 중소기업을 단기 목표로 한다. 기술 집약형 사업으로 매출액과 당기 순이익에서 높은 성장률을 기대할 수 있으나, 반면에 일반적인 창업보다 위험성이 높은 유형으로서 사업영역으로는 인터넷 관련 서비스, SNS, 모바일 서비스, 소프트웨어 등 IT 분야, 신약 개발, 백신개발, 유전자 치료 등 BT 분야, 초정밀 소재, 반도체 소재 개발 등 NT 분야가 있다. 기술력을 인정받으면 자금 조달이 상대적으로 유리하고, 대외적인 신뢰도가 높아지며 주식시장에 상장할 수 있으면 빠르게 성장이 가능하다. 다만 기술개발 및 사업화 과정에 큰 자금이 필요하므로 실패 시, 타격이 크며 기술개발을 위해 고급 인력이 필요하지만 인력을 확보하기가 어렵다는 것도 단점에 포함된다.

반면 생계형 창업은 그야말로 창업자의 생계유지를 위한 일반 창업의 형태를 띤다.

수준을 지수화한 GEDI를 통해 각국의 기업가가 창업에 도전해 사업을 만들어내는 능력을 비교 평가함

소규모 자본을 투하하여 외부 인력은 단기간 활용하고 가족들 또는 지인들이 함께 모여 생계유지를 위한 목적으로 수행한다. 특별하게 정해져 있는 창업 형태는 아니지만 유사하게 시작했다가 차별화 등으로 인한 실패도 높은 편이다.

3) 소규모창업과 벤처창업

장원섭(2000)은 20명 미만을 매우 작은 소규모 사업이라고 하며, 20명에서 99명까지를 소규모 사업이라고 구분하고 있으며(Hodgeets & Kurato, 1998) 소규모사업의 특징은 창업자가 소유주임에 따른 경영 독립성, 지역 중심적인 창업활동 영역이 있다고 하였다. 다만, 현대사회로 넘어오면서 IT기반 창업의 경우 이러한 특징들이 적용되지 않는 사례가 증가하면서 벤처기업의 개념이 도입되었다. 여기서 벤처기업의 개념과 특징을 살펴보면 벤처기업이란 신기술 및 아이디어를 독립적인 기반으로 위험성이 크지만 성공할 경우 높은 기대수익이 예상되는 신생기업(이요행, 2012)이며, 국가마다 벤처기업에 대하여 조금씩 다르게 표현하고 있다(백형기, 1999). 미국에서는 벤처기업을 기술집약적 신생기업(New Technolohy-Based Firm) 또는 첨단기술 중소기업(High Technology Small Firm)등으로 표현하고 일본에서는 벤처기업에 대하여 R&D 투자 비율이 매출액의 3%이상으로 창업 후 5년 미만의 중소기업을 '벤처비지니스'라고 표현한다. 우리나라는 현행법상 벤처기업에 해당하기 위해서는 「중소기업창업 지원법」 제2조(정의)와 「중소기업기본법」 제2조(중소기업자의 범위)에 해당하는 중소기업이여야 하며, 「벤처기업육성에 관한 특별조치법」 제2조(정의)에 규정된 기업을 의미한다. 특히 기술성과 시장의 성장단계에 따라 벤처기업은 하이테크형, 우량기업형, 부띠크형, 일반기업형의 4가지로 구분(중소기업청, 1999)하는데, 하이테크형은 가장 이상적인 형태로서 기술수준과 잠재력이 높고 산업 성장성이 높은 기업이며 자신이 개발한 기술과 네트워크를 바탕으로 한 첨단기술을 지니며, 설립된 지 5년 이내의 기업을 말한다. 우량 기업형은 기술력은 있으나 시장이 성숙한 기업으로 기술수준, 잠재력은 높으나 산업이 성숙, 정체기에 달한 기업이며 창업자가 오랜 기간 제품기술을 축적하여 기존의 성숙된 시장에서 기술력을 인정받은 경우로, 창업된 지 10년 이내의 기업을 말한다. 부띠크형은 시장성이 좋으나 기술성이 낮은 기업으로, 기술수준과 잠재력은 상대적으로 낮지만 시장 확대, 성장이 높은 기업이다. 창업자가 신규로 형성되어 성장성이 높은 시장에 기술력보다는 아이디어와 패기로 승부하는 창업 5년 정도의 기업을 의미한다. 일반 기업형은 기술성이 상대적으로 낮고 시장이 성숙된 경우로, 기술수준과 잠재력이 낮고 시장도 정체기에 머무른 경우이며 이러한 기업은 오랜 기간 동안 습득한 현장 기술을 바탕으로 경쟁하는 기업이다.

Question 5

창업은 종류도 많고 다양한 분야가 있을 수 있는데 창업의 유형과 절차가 궁금합니다. 어떠한 유형이 존재하고 어떠한 절차로 시작해야 하나요?

12.2.2. 창업의 절차

'개인사업자'란 창업하고자 등록한 대표자가 경영의 모든 책임을 지는 사업자를 말하며, 개입사업자는 기업을 설립하는데 「상법」에 따른 별도의 회사설립 절차가 필요하지 않아 법인사업자와 달리 그 설립 절차가 간편하고, 휴·폐업이 비교적 쉽다. 개인사업자는 기업이 완전한 법인격이 없으므로 소유와 경영이 소유자에게 종속하는 기업형태이고, 법인사업자는 기업이 완전한 법인격을 가지고 스스로의 권리와 의무의 주체가 되어 기업의 소유자로부터 분리되어 영속성을 존재할 수 있는 기업형태이다.

1) 인 · 허가 신청

　개인사업자로 창업을 할 경우, 대부분의 업종에 대해서 특별한 규제나 제한 없이 사업을 시작할 수 있으나 특정한 업종의 경우에는 관계법령에 따라 사업개시 전에 행정관청으로부터 사업에 관한 허가를 받아야 하거나 행정관청에 등록 또는 신고를 마쳐야 하는 경우가 있다. 가령, 화장품 중계업 및 식품 중계업을 할 경우에는 식약처로부터 관련된 제품을 취급, 유통, 판매함에 있어 사업허가와 샘플에 대한 인증 실험 성적서를 받아야 하고, 전자 상거래를 할 경우에는 해당 거주지 또는 사업 지 구청에서 발급하는 통신판매허가서를 취득해야 한다. 즉 창업하는 업종에 대한 사업허가·등록·신고사항의 점검은 업종선정 과정과 함께 창업절차에 있어서 우선적으로 검토해야 할 사항이다. 왜냐하면, 이들 업종의 경우 관청의 인·허가 및 관리대상의 업종으로서 사업허가나 등록·신고 등을 하지 않고 사업을 하게 되면 불법이 되어 행정관청으로부터 사업장 폐쇄, 과태료, 벌금 등의 불이익 처분을 받게 될 뿐만 아니라, 세무서에 사업자등록을 신청할 때도 사업허가증이나 사업등록증 또는 신고필증을 첨부하지 않으면 사업자등록증을 받을 수 없기 때문이다. 따라서 중소기업청의 기업지원플러스 G4B(www.g4b.go.kr)에서 제공하는 각 업종별 인·허가 여부를 미리 확인하고 창업자가 하고자 하는 사업아이템이 관청의 사전 등록 및 인허가 업종인지를 확인할 필요가 있다.

　〈표 12-2〉는 개인사업자와 법인사업자의 주요 특징을 창업절차, 자금조달, 사업의 책임과 세금부여 등의 관점에서 구분하여 정리해 놓은 것이다. 창업 아이템에 따라 해당 구분은 세부적으로 달라질 수 있기에 앞서 언급한 바와 같이 사업 아이템 선정을 위해 사전에 관련 기관 홈페이지 및 관계 기관에 사전 확인하는 것이 좋다.

구분	개인사업자	법인사업자
창업 절차	관할관청에 인·허가를 신청 세무서에 사업자등록 신청	법원에 설립등기 신청 세무서에 사업자등록 신청
자금 조달	사업주 1인의 자본과 노동력	주주를 통한 자금 조달
사업 책임	사업상 발생하는 모든 문제를 사업주가 책임	주주는 출자한 지분 한도 내에서만 책임
해당 과세	사업주: 종합소득세 과세	법인: 법인세, 대표자: 근로소득세 일반적으로 소득금액이 커질수록 법인에 유리
장점	- 창업비용이 적게 들어 소자본으로 창업 가능 - 기업 활동이 자유롭고, 신속한 계획수립 및 변경이 가능 - 일정규모 이상으로는 성장하지 않는 사업에 적합 - 인적조직체로서 제조방법, 자금운용 상의 비밀유지가 가능	- 대외공신력과 신용도가 높기 때문에 영업수행과 관공서, 금융기관 등과의 거래에 있어서 유리 - 주식회사는 신주발행 및 회사채 발행 등을 통한 다수인으로부터 자본 조달이 용이 - 일정 규모 이상으로 성장 가능한 유망사업의 경우에 적합
단점	- 대표자는 채무자에 대하여 무한 책임을 짐. 대표자가 바뀌는 경우, 폐업을 하고, 신규로 사업자등록을 해야 하므로 기업의 계속성 단절됨 - 사업양도 시에는 양도된 영업권 또는 부동산에 대하여 높은 양도소득세가 부과됨	- 설립절차가 복잡하고 일정 규모 이상의 자본금이 있어야 설립가능 - 대표자가 기업자금을 개인용도로 사용하면 회사는 대표자로부터 이자를 받아야 하는 등 세제상의 불이익이 있음

〈출처: 중소기업청, 온라인재택창업시스템(www.startbiz.go.kr)〉

위의 표에서 알 수 있듯이 창업자는 창업 초기에 개인사업자로 시작할 것인지, 법인 사업자로 시작할 것인지를 결정해야 하는데 이는 창업초기 준비자금인 창업자금과도 깊은 연관성이 있다. 대부분의 1인 창업 등 소자본 창업의 경우에는 개인사업자로 시작했다가 일정한 소득이 발생하고 사업의 업력이 쌓인 후에 법인 사업자로 전환하는 경우가 대부분이다. 하지만 창업의 아이템에 따른 창업 규모가 크고 처음부터 팀 단위의 창업이 필요하며 동시에 창업을 시작할 팀원들이 각자 일정금액으로 투자하여 시작한다면 법인사업자가 유리할 수도 있다. 개인사업자와 법인사업자의 장단점에서 볼 수 있듯이 법인 사업자의 경우 금융기관이나 투자자 등으로부터 투자를 받는데 유리하며 각종 세제 혜택도 개인 사업자에 비해 더 많을 수 있다. 동시에 대기업 또는 정부기관 등을 대상으로 한 B2B 영업과 마케팅을 목표로 한다면 작은 규모이지만 법인 사업자로 등록하는 것이 좋다.

2) 사업자등록 신청

창업자는 사업장마다 다음의 서류를 사업 개시 일부터 20일 이내에 사업장 관할 세무서장에게 제출하여 사업자등록을 신청해야 한다. 사용자등록 신청내용은 〈표 12-2〉를 참조하기 바란다.

3) 사업자등록증의 발급

사업자등록 신청을 받은 세무서장은 사업자의 인적사항과 그 밖에 필요한 사항을 기재한 사업자등록증을 신청일로부터 3일 이내에 신청자에게 발급해야 한다. 사업자등록번호를 한번 부여받으면 특별한 경우 외에는 바뀌지 않고 평생 사용하게 되는데, 사람이 살아가면서 주민등록번호에 의해 많은 사항들이 관리되듯이 사업자들은 사업자등록번호에 의해 세적이 관리되게 되므로 사실대로 정확하게 사업자등록을 해야 한다. 사업을 하면서 세금을 내지 않거나, 무단 폐업하는 등 성실하지 못한 행위를 할 경우 이러한 사항들이 모두 누적 관리되므로 유념해야 한다.

구분	첨부서류
1. 법령에 따라 허가를 받거나 등록 또는 신고를 해야 하는 사업의 경우	사업허가증 사본, 사업등록증 사본 또는 신고확인증 사본
2. 사업장을 임차한 경우	임대차계약서 사본
3. 「상가건물 임대차보호법」제2조 제1항 에 따른 상가건물의 일부분 임차한 경우	해당 부분의 도면
4. 「조세특례제한법」제106조의3 제1항에 따른 도매 및 소매업	사업자금 명세 또는 재무상황 등을 확인할 수 있는 자금출처명세서
5. 「개별소비세법」제1조 제4항에 따른 과세 유흥장소에서 영업을 경영하는 경우	사업자금 명세 또는 재무상황 등을 확인할 수 있는 자금출처 명세서
6. 「부가가치세법」 제8조 제3항 및 제4항에 따라 사업자로 등록하려는 사업자	사업자 단위 과세 적용 사업장 외의 사업장에 대한 위의 서류 및 소재지·업태·종목 등이 적힌 사업자등록증
7. 액체연료 및 관련제품 도매업, 기체연료 및 관련제품 도매업, 차량용 주유소 운영업, 차량용 가스 충전업, 가정용 액체연료 소매업과 가정용 가스연료 소매업	사업자금 명세 또는 재무상황 등을 확인할 수 있는 자금출처명세서
8. 재생용 재료 수집 및 판매업	사업자금 명세 또는 재무상황 등을 확인할 수 있는 자금출처명세서

4) 세무서의 직권등록 및 미등록 시 불이익 등

만약 사업자가 사업자등록을 하지 않는 경우에는 관할 사업장 관할 세무서장이 조사하여 등록할 수 있다. 사업자등록을 신청기한 내에 하지 않은 경우에는 사업 개시일 부터 등록을 신청한 날의 직전 일까지의 공급가액의 합계액에 1%를 곱한 금액이 가산세로 부과된다. 또한 사업자 등록을 하지 않으면 등록 전의 매입세액은 공제를 받을 수 없다.

Question 6

창업에서 중요한 것은 '사회기회포착' 및 '사업아이템'이 중요한데 일부에서는 기업의 경영윤리와 관련하여 '기업가 정신'을 강조하기도 합니다. 기업가 정신이라는 것은 무엇인가요?

제3절 기업가 정신

12.3.1 기업가 정신의 의미

기업가란 의미의 '앙트러프러너(entrepreneur)'란 용어는 16세기 초 프랑스에서 군사 원정을 지휘하는 자를 뜻하는 의미로 사용되기 시작하였다. 기업가에 대한 개념은 시대에 따라 조금씩 변해왔으며 오늘날처럼 창업이 매우 활발하고 정부로부터도 적극적인 지원을 받는 상황에서 기업가의 중요성은 더욱 강조된다. 전통적으로 기업가는 자기자본으로 위험을 감수하면서 기업을 운영 지배하는 주체로 주로 소유경영자를 의미했다 그러나 최근 기업가는 기업의 설립에서부터 운영에 이르기까지 모든 활동을 담당하는 최고책임자를 지칭한다. 요약하면 기업가는 스스로 자금출자를 담당하고 이에 따른 위험을 부담하는 동시에 기업 내의 경영관리를 직접 수행하는 최고경영자로써 기업의 설립부터 기업에 관한 제반 경영활동을 스스로 책임지는 사람을 의미한다. 연구자들은 창업을 하는 이유에 대한 몇 가지 개인적 요소들을 제시한 바 있는데, 그중 자주 언급되는 것이 기업가 정신 즉 새로운 사업을 시작하려는 기업가의 욕망(intrapreneurship)이다.

이러한 기업가 정신은 크게 다음과 같은 세 가지 측면에서 살펴볼 수 있다. 첫째, 기업가는 기업의 비전과 꿈을 제시하고 이를 실현하는 실천자이므로 기업가가 눈에 보이는 단기적인 현상에만 집착하면 방향성을 상실하거나 미래에 대한 확신을 갖기 어렵기에 창업자는 하나의 기업가로서 비전과 미션, 목표를 분명하게 제시해야 한다. 특히 창업초기의 기업은 자원(인력, 자금, 기술, 시간 등)이 열악하기 때문에 금전적 보상을 통해 우수한 인적 자원을 고용하기가 어렵고 필요 자금을 제때 조달하기 어렵다. 따라서 미래의 가능성을 가지고 창업 팀을 구성하고 사람들을 모으려면 확실한 비전의 제시가 요구된다는 것이다. 또한 기업가란 원래 일을 좋아하고 일에 온갖 정열을 쏟는 사람들이기 때문에 창업자의 열정을 창업팀 또는 구성원과의 빈번한 커뮤니케이션을 통해 공유해야 한다. 스타벅스의 하워드 슐츠(Howard Schultz) 회장은 자사의 브랜드 이미지가 세계적 품질을 보증하는 고급커피의 대명사가 될 것이라는 장기적인 비전을 지녔고 어떤 일에든 열정적으로 몰입하는 자신의 성격을 바탕으로 커피에 몰두하여 지금의 스타벅스를 일구어 냈다. 둘째, 창의성과 혁신은 기업가 정신의 근본적인 요소이다. 대부분의 기업들은 당장 큰 문제가 없으면 현상을 그대로 유지하려는 경향이 있다. 새로운 도전과 기회는 과거에 검증된 바가 없기 때문에 성공에 대한 불확실성도 클 뿐 아니라 새로운 아이디어가 시장에서 판매될 수 있는 제품이나 서비스로 현실화되기까지 오랜 시간이 걸리기 때문이다. 이럴수록 창업자의 기업가 정신의 발현은 기본적으로 위험을 전제로 하며 미래에 도전하는 기업은 고객을 위한 새로운 가치창출에 초점을 두고 공격적으로 성장기회를 모색하며 변화와 혁신을 정상적인 것으로 인식하고 지속적으로 성장의 돌파구를 마련하는데 있어 중요한 신념이다. 셋째, 기업가 정신은 도전의식과 성취지향성의 요소를 갖고 있다. 이는 위험을 무릅쓸 용기와 실패해도 곧바로 재기할 수 있는 인내심과 집념을 의미하는 것으로 이에 따른 보상은 바로 이윤으로 연결된다. High Risk, High Return, 즉 위험이 클수록 보상 또한 커지는 속성 때문에 성공한 기업가들은 실패를 두려워하지 않는 모험가들이 많다. 현대그룹의 故 정주영 회장은 울산 현대조선소를 설립할 때 영국 등 주요 은행에 현대조선소를 설립하는데 자금을 지원해주면 선주가 원하는 배를 안정적으로 만들어 공급하겠다는 의지와 이순신 장군의 거북선이 담긴 지폐를 보여주면 설득했다는 일화는 유명하다. 이처럼 기업가 정신은 위험부담을 최소화시키기 위해 기존기업 내에서 새로운 창업을 실시한다는 소위 사내기업가 정신(intrapreneurship)으로 변화되었으며 꾸준한 혁신을 요구하는 우수기업 만들기의 기본요소로 발전했다. 또한 성취지향성은 탁월한 기업가들에게 발견되는 중요한 요소이기도 하다. 도전의식과 성취지향성을 가진 기업가의 사례로는 델 컴퓨터의 마이클 델(Michael Dell)을 예로 들 수 있다. 델은 IBM을 능가하는 컴퓨터를 만들어 고객에게 직접 판매하고 최고의 가치와 서비스를 제공하여 컴퓨터 업계에 최고가 되겠다는 도전의식을 가지고 사업을 시작하였다. 자신의 목표를 비싼 컴퓨터가 아닌 비교적 저렴하면서도 자신이 원하는 사양을 소비자 스스로가 조립 주문하는 '직접 판매방식 전략'을 통해 실현했다.

Question 7

> 기업가 정신은 소위 경영혁신과도 연관성이 깊은 것 같습니다. 기업들도 변화와 혁신을 지속적으로 강조하고 있는데요, 창업과 혁신은 경영 맥락이 닿아 있는 것 같습니다. 기업가 정신과 경영혁신은 어떠한 연관성이 있을까요?

12.3.2 경영혁신

경제학자 슘페터(J. A. Schumpeter)는 기업가 정신의 핵심으로 혁신을 강조했다. 기업가 정신이란 기업의 발전을 위한 혁신성을 갖는 것이며 기업가란 자신의 기업을 창설한 사람 또는 기존기업에서 혁신적 경영을 수행하는 사람이라는 것이다. 그는 기업가의 혁신기능으로 ①신제품의 생산, ②신기술의 도입, ③신시장의 개척, ④신규 공급원의 발견, ⑤신규 조직의 형성 등 다섯 가지를 제시했다. 즉 이 다섯 가지를 중심으로 기업의 혁신을 시작해볼 수 있고, 혁신은 곧 기업가 정신과 그 기능에서 매우 중요한 성장 동력의 역할을 할 수 있을 것이라고 하였다. 이러한 혁신기능은 기업가의 당연한 임무로 인식되었으며 기업가가 존재하는 것은 지속적인 혁신활동이 요구되고 필요하다는 것이다. 이는 창업자가 갖추어야 할 기업가 정신과도 일맥상통한다. 끊임없는 혁신기능을 수행해야만 진정한 창업자로 거듭날 수 있으며 만일 그러한 기능을 제대로 수행하지 못한다면 단순한 생산관리자(production operator)에서 벗어날 수 없다는 것이다. 그의 주장과 동조하여 경영 혁신은 곧 기업 혁신이라는 연구와 주장이 계속되었다.

에이커(1988)는 경영혁신이 기업경쟁력을 확보하기 위한 수단이라고 하였다. 여기서 말하는 기업 경쟁력이란 시장 내에서 다른 동종기업과의 경쟁에서 더 높은 성과와 수익을 내게 해주는 경쟁우위(competitive advantage)를 지칭하는 것으로 특정기업이 해당 경쟁 산업 내에서 다른 기업에 비해 상대적으로 높은 효율성과 효과성을 유지하는 능력 즉 경쟁기업에 상대적으로 낮은 원가 혹은 높은 기술력으로 성과를 유지할 수 있는 내부능력을 의미한다. 이는 창업자가 기존 시장에서 새로운 경쟁우위 요소를 적용하고 새로운 시장을 창출하는 근본적인 목적과 다르지 않다. 따라서 새로운 경영혁신기법과 아이디어는 종종 동종기업과의 경쟁에서 우위를 차지하게 하는 중요한 수단이 되며 기존의 경영혁신기법을 활용하여 창업자가 개발, 고안해낸 아이디어 또는 아이템을 더욱 타당성을 갖춘 설계 및 기획을 할 수 있다.

둘째 경영혁신의 확산을 통하여 조직의 구성원들은 보다 창조적인 변화를 꾀할 수 있으며 각 구성원들끼리 의사소통을 증진시킬 수 있다. 즉 혁신의 확산을 통하여 기업의 구성원들은 창의적인 아이디어를 공유하게 되며 의사소통을 증진하게 된다. 이는 창업자가 창업팀을 구성하고 창업자의 비전과 목표만을 제시하는 것이 아닌 경영혁신기법을 창업초기단계부터 적극적으로 도입하여 운영할 수 있음을 제시해주고 있다. 특히 혁신의 확산과정을 통하여 창업기업은 경제적인 혜택뿐만 아니라 창업 팀 개인의 성장 만족감의 제고하는 동시에 집단응집성의 향상시켜 의사소통의 개선 등의 이점을 얻게 될 수 있다.

셋째 경영혁신은 장기적인 관점에서 기업의 변화를 초래하고 기업경영시스템 전반에 걸쳐 급속한 변화를 추진하는 동력으로서의 기능을 수행한다. 즉 새로운 산업이 처음 출발하고 발전하는 도입기에서 기업들은 신제품 개발과 같은 급속한 혁신을 통해 성장을 모색할 뿐만 아니라 성장기를 거쳐 산업이 다각화되고 성숙하는 단계에 이르러서도 제품이나 공정 모두를 혁신함으로써 새로운 도약을 꾀하게 된다. 아직은 초기단계이나 인공지능 분야는 새로운 신산업의 도약기에 와 있으며 빅데이터 역시 최근 데이터 3법의 제정으로 새로운 신산업의 발전을 예고하고 있다. 4차 산업혁명으로 인해 구체적인 서비스와 새로운 기대, 욕구가 자연스럽게 사회, 문화적으로 표출될 것이며 창업자는 경영혁신기법을 적용하여 새로운 산업에 진입하고 자신의 아이템과 아이디어를 적용할 수 있는 방법을 모색할 필요가 있다.

일반적으로 기업이 경영혁신을 통해 궁극적으로 도달하려는 목표는 지속적인 기업 경쟁력의 강화를 통해 경제적 사회적 성과를 향상시키는 바람직한 기업(good company) 또는 초일류기업(excellent company)이 되는 것이다. 보다 구체적으로 말하면 기업에서 경영혁신이 지향하고 있는 목표는 효율성과 생산성 그리고 인력양성에 이르기까지 매우 다양하며, 종래 경영혁신에서는 기업의 경제적 생산시스템의 속성이 중시되어 효율성이나 생산성 등의 경제적 성과가 강조되었으나 최근 들어서는 고객만족이나 인적 자원의 개발과 같은 사회적 성과를 추구하는 움직임이 더욱 많이 나타나고 있다. 따라서 창업자는 기업가 정신 중의 혁신기능의 장단점을 자신의 사업에 적용할 수 있어야 하며 동시에 경영혁신기법을 통해 신규시장을 선점할 수 있도록 구성원과 공유가치를 확대할 필요가 있다.

QUIZ

제 12 장. 창업과 기업가 정신

소속 ....

성명 ....

❶ 창업의 주요 3요소에 대해서 각각 특징과 주요 내용을 설명하시오

❷ 창업 준비를 위해서 필요한 절차와 과정에 대해서 주요 내용을 설명하시오.

❸ 창업의 성공과 실패 요인에 대해서 토론해봅시다.

❹ 생창업의 유형 중에 기술창업과 일반창업의 주요 특징과 차이점을 비교 설명하시오.

❺ 창업의 절차에서 개인사업자와 법인사업자의 차이를 설명하고 주요 특징에 대해서 분석하시오.

❻ 기업가 정신은 창업자에게 창업의지와 향후 성장과 발전에 매우 중요한 요인 중의 하나다. 기업가 정신의 의미를 경영혁신과 연계하여 토론해봅시다.

복준영

- 現) 신구대학교 글로벌경영과 교수, 경영학 박사(마케팅전공)
- 現) 한국외식산업정책학회 사무국장 및 정보시스템감사통제협회 이사
- 前) 풀무원ECMD미래전략실장 겸 밸류인 대표이사
- 前) CJ푸드빌 복합화 본부장, 삼성물산 수석 그룹장
- 前) SK텔레콤 마케팅전략 부장
    CJ제일제당 식물나라 브랜드, SK텔레콤 TTL, UTO, 월드컵 붉은악마 캠페인, 세계최초 인공지능 서비스 1mm, SK텔레콤 로밍서비스 국가별 통합요금제, CJ foodworld 및 국내외 54곳 상업시설 융·복합화, 중국 북경역 한국브랜드무역종합전시관 개관 및 프랜차이즈 外 다수.
- 핵심 실무 중심 마케팅 관리론, 마케팅실무자가 꼭 알아야 할 101가지, 세상에서 가장 재미 있는 마케팅이야기, 콜럼버스 마케팅 등 저술 外 서비스경영학회, 외식경영학회 등 다수 논문 등재

임채현

세종대학교 일반대학원 호텔관광경영학과 졸업(호텔관광경영학 박사)
세종대학교 일반대학원 호텔관광경영학과 졸업(호텔관광경영학 석사)

- 現) 건국대학교 미래지식교육원 경영학전공 주임교수
- 現) ㈜ 코다투어 비상임이사
- 現) 충청북도 축제평가위원, 투자유치위원, 감사자문위원, 녹색성장자문위원, 13회 도민대상 심사위원
- 前) 세종호텔예술실용전문학교 학장
- 前) 서울디자인전문학교 관광경영과 / 학과장(전임)
- 前) 세종대학교, 청주대학교, 배재대학교, 우송대학교, 강동대학교, 루터대학교, 동서울대학교, 서울예술실용전문학교/외래교수
- 前) 의료관광학회 부회장 역임
- 관광법규론, 백산출판사(2010), 환대산업의 이해, 백산출판사(2010), 청주직지문헌연구 영문판, 청주시청(2003) 등 저술 外 관광·레저연구, 호텔관광연구 등 다수 논문 등재

-Q&A 중심-
핵심 실무 중심
경영학의 이해

발행일   2020년 2월 28일
지은이   복준영 · 임채현
펴낸이   최민서
기획   추연민
책임 편집   신지항
펴낸곳   (주)북페리타
등록   315-2013-000034호
주소   서울시 강서구 양천로 551-24 한화비즈메트로 2차 807호
대표전화   02-332-3923
팩시밀리   02-332-3928
이메일   bookpelita@naver.com
값   20,000원
ISBN   979-11-86355-10-7 (93320)